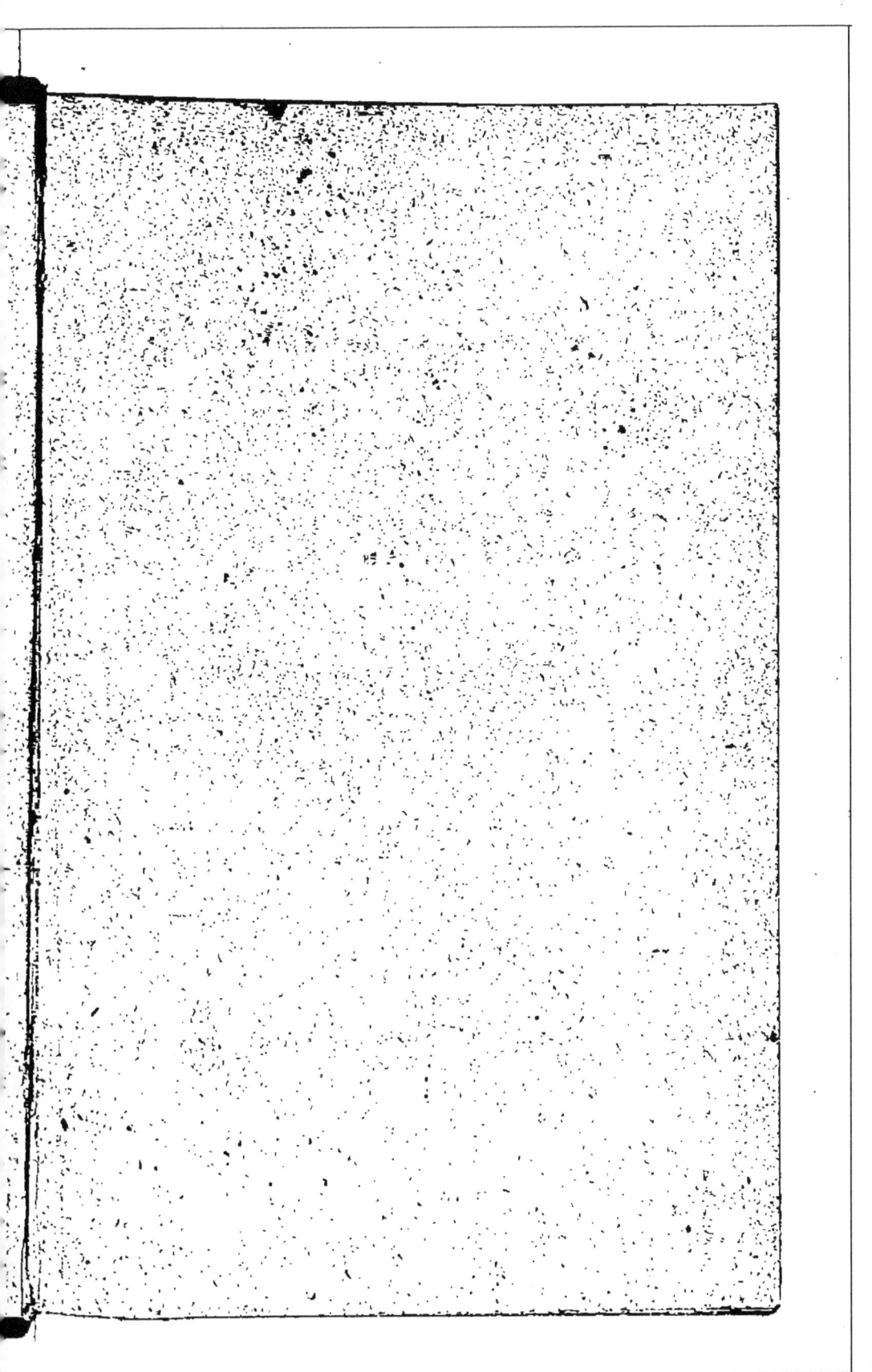

MINISTÈRE DE LA GUERRE.

MANUEL

DE MARÉCHALERIE

À L'USAGE

DES MARÉCHAUX FERRANTS

DE L'ARMÉE,

RÉDIGÉ PAR LES SOINS DE LA COMMISSION D'HYGIÈNE HIPPIQUE

ET APPROUVÉ

PAR LE MINISTRE DE LA GUERRE

LE 12 DÉCEMBRE 1875.

PARIS.

IMPRIMERIE NATIONALE.

1876.

PARIS.

LIBRAIRIE MILITAIRE DE J. DUMAINE,

RUE ET PASSAGE DAUPHINE, 30.

MINISTÈRE DE LA GUERRE

ARRÊTÉ MINISTÉRIEL

RELATIF

au recrutement des maîtres maréchaux ferrants
des corps de troupes à cheval et à l'organisation
de l'École de maréchalerie de Saumur, modifié
par la décision ministérielle du 21 décembre
1875. (Direction générale du personnel et du
matériel, 2ᵉ service, bureau de la cavalerie.)

Versailles, le 21 décembre 1875.

LE MINISTRE DE LA GUERRE

Vu l'article 8 du décret du 30 mars 1875 ;

Vu le paragraphe 6 de l'instruction minist-
ielle du 30 du même mois,

ARRÊTE

Art. 1ᵉʳ. — À partir du 1ᵉʳ janvier 1877, nul ne
pourra être nommé dans un corps de troupes à
cheval, savoir :

à l'emploi de *maître maréchal ferrant*, s'il ne
remplit les conditions voulues par la loi pour
obtenir le grade de brigadier, et s'il n'est por-
teur d'un brevet de maître maréchal ferrant ;

à l'emploi de *premier maître maréchal ferrant*,
s'il n'est maître maréchal ferrant, et s'il ne remplit les conditions voulues par la loi pour obtenir le grade de maréchal des logis.

Art. 2. — Le brevet de maître maréchal ferrant

s'obtient à la suite d'examens et d'épreuves professionnelles subis à l'École de maréchalerie annexée à l'École d'application de cavalerie.

ART. 3. Sont admis à subir les épreuves pour l'obtention du brevet de maître maréchal ferrant :

1° Les élèves maîtres maréchaux ayant suivi pendant un an les cours de l'École de maréchalerie ;

2° Les aides-maréchaux ferrants des corps de troupes qui, ayant exercé pendant un an au moins leur profession dans un escadron, une batterie ou une compagnie, sont porteurs d'un certificat d'aptitude professionnelle délivré par le chef de corps, sur la proposition du capitaine commandant et l'avis du vétérinaire en premier ou chef de service.

ART. 4. Les élèves maîtres maréchaux ferrants sont désignés chaque année par les inspecteurs généraux, à raison d'un par brigade de cavalerie et d'artillerie, et d'un par quatre escadrons du train des équipages militaires et par deux compagnies de cavaliers de remonte ; ils sont choisis parmi les maréchaux ferrants qui, sachant lire et écrire, sont admis à l'école de l'escadron et qui sont jugés susceptibles de profiter de l'instruction professionnelle donnée à l'École de maréchalerie de Saumur. Ceux de ces maréchaux ferrants qui auront moins de dix-huit mois de service actif à faire ne pourront être désignés qu'autant qu'ils contracteront ou promettront de contracter un rengagement dans les conditions déterminées par la loi du 27 juillet 1872 et le décret du 30 novembre de la même année.

Il peut être également désigné chaque année un élève maître maréchal ferrant sur l'ensemble des régiments du génie.

ART. 5. Les cours de l'École de maréchalerie durent un an; ils commencent le 1er janvier de chaque année.

Les régiments d'artillerie et de cavalerie d'une même brigade alternent chaque année pour la désignation de l'élève maître maréchal à envoyer à Saumur.

Les régiments de chasseurs d'Afrique, de spahis, ainsi que les compagnies de cavaliers de remonte portant un numéro impair, envoient leur élève maître maréchal à Saumur le 1er janvier de chaque année désignée par un nombre impair, et les autres envoient le leur le 1er janvier de chacune des années désignées par un nombre pair.

Les escadrons du train des équipages militaires désignent chacun leur élève maître maréchal dans l'ordre établi par les instructions spéciales pour l'inspection générale de l'arme. Il en est de même des régiments du génie.

ART. 6. Pendant leur séjour à Saumur, les élèves maîtres maréchaux reçoivent une prime de travail de 25 centimes par jour prélevée sur les fonds de la masse d'entretien du harnachement et ferrage. Tout ou partie de cette prime peut être affecté à l'amélioration de leur ordinaire.

ART. 7. Six mois après leur arrivée à l'École et à l'expiration de l'année scolaire, les élèves maîtres maréchaux subissent des examens devant un jury composé comme ci-après :

Le commandant en 2ᵉ de l'École de cavalerie...................... } *Président.*

Le vétérinaire principal............. }
Un capitaine écuyer.................. }
Le vétérinaire en 1ᵉʳ, professeur de > *Membres.*
maréchalerie...................... }
Le chef d'atelier.................... }

ART. 8. Tout élève ayant satisfait aux examens de fin d'année reçoit un brevet de maréchal ferrant, sans lequel, ainsi qu'en dispose l'article 1ᵉʳ du présent arrêté, nul ne pourra être nommé à un emploi de maître maréchal ferrant dans un corps de troupes à cheval. Il est fait mention sur les états de services de chaque militaire de l'obtention de ce brevet.

ART. 9. L'expulsion de l'École de maréchalerie peut, sur l'avis du conseil d'instruction, être prononcée par le général commandant l'École d'application de cavalerie à l'égard de tout élève maître maréchal :

1° Pour faute grave contre la discipline ou pour inconduite soutenue ;

2° Pour inaptitude à poursuivre son cours, si cette inaptitude a été constatée à la suite de l'examen semestriel.

Art. 10. Les aides maréchaux ferrants des corps de troupes à cheval qui, sans être astreints à suivre les cours de l'École de maréchalerie, sont autorisés par le deuxième paragraphe de l'article 3 du présent arrêté à subir les examens prescrits pour l'obtention du brevet de maître maréchal ferrant, doivent être rendus à Saumur le 10 décembre de chaque année. Ils sont mis en route *sur leur demande*, et ils reçoivent pour l'aller et pour le retour à leur corps une feuille de route portant indemnité.

Art. 11. A l'exception de la giberne, les élèves maîtres maréchaux ferrants emportent à Saumur tous leurs effets d'habillement, de grand et de petit équipement. Comme armement, ils n'emportent que le sabre.

Art. 12. Bien que ne remplissant pas les conditions déterminées par l'article 4 du présent arrêté, les élèves maréchaux ferrants qui suivent actuellement les cours de l'École de maréchalerie à Saumur pourront recevoir le brevet de maître maréchal ferrant, si en fin de cours ils satisfont, avec la note *bien*, aux examens de sortie de ladite École.

Jusqu'au 1ᵉʳ janvier 1877, les maîtres maréchaux abonnataires des escadrons, batteries ou compagnies pourront recevoir, si leur aptitude est dûment constatée, un *certificat de capacité professionnelle*. Ce certificat sera délivré par le chef de corps ou le commandant de la circonscription de remonte, sur la proposition du capitaine commandant et d'après l'avis du vétérinaire en 1ᵉʳ ou chef de service.

Tout maître maréchal abonnataire pourra, selon qu'il y aura lieu, être autorisé à se rengager ou être commissionné. Le rengagement d'un maître maréchal abonnataire n'ayant pas reçu de son chef de corps le certificat de capacité mentionné ci-dessus ne pourra être autorisé qu'autant que le corps n'aura pas encore reçu de maîtres maréchaux ferrants brevetés à Saumur.

ART. 13. Les aides-maréchaux ferrants, titulaires reçoivent du maître maréchal abonnataire un salaire dont la quotité est fixée par les règlements; ils peuvent, comme les autres cavaliers, être nommés cavaliers de *1ʳᵉ classe* dans leur escadron, batterie ou compagnie.

Ces nominations comptent dans le nombre de celles qui, conformément à la loi du 13 mars 1875, peuvent être faites dans le cadre de chaque escadron, batterie ou compagnie.

ART. 14. Le programme des examens que devront subir à Saumur, soit les aides-maréchaux des corps de troupes, soit les élèves maîtres maréchaux ferrants de l'École de maréchalerie, pour obtenir le diplôme de maître maréchal ferrant, a été publié par la voie du *Journal militaire officiel.*

Le Ministre de la guerre,

Gᵃˡ E. DE CISSEY.

PROGRAMME D'EXAMEN

POUR L'OBTENTION

DU BREVET DE MAÎTRE MARÉCHAL FERRANT.

(Modifié conformément à la décision ministérielle du 26 novembre 1875.)

Versailles, le 26 novembre 1875.

1° EXAMEN ORAL.

I. Notions élémentaires sur l'extérieur du cheval.

II. Notions élémentaires du pied : propriétés et défauts de la boîte cornée.

III. Maréchalerie : forges, matériaux et instruments.

IV. Ferrure réglementaire : ferrure ordinaire, ferrure à glace.

V. Manuel de la ferrure : forger le fer, parer le pied, attacher le fer. Moyens de contention.

VI. Ferrures exceptionnelles : vices d'aplomb, pieds défectueux, pieds malades.

VII. Ferrures étrangères.

VIII. Ferrure du mulet.

IX. Premier soins à donner aux chevaux malades.

2° EXERCICES PRATIQUES.

FORGE.

1° Forger quatre fers réglementaires pour un cheval désigné.

2° Forger deux fers pour un défaut d'aplomb, pour pieds défectueux ou malades.

3° Forger un fer de mulet.

4° Forger deux fers à l'anglaise.

FERRAGE.

1° Ferrer un cheval des quatre pieds.

2° Ferrer un pied atteint de vice d'aplomb, de défectuosité ou de maladie.

8° Ferrer deux pieds à l'anglaise.

Le Ministre de la guerre,

Gal E. DE CISSEY.

ARRÊTÉ MINISTÉRIEL
du 21 décembre 1875.
Art. 8.

ÉCOLE D'APPLICATION DE CAVALERIE.

BREVET DE MAÎTRE MARÉCHAL FERRANT

accordé au sieur (1)

(2)

qui a justifié, en présence du jury d'examen, de l'instruction théorique et de l'habileté pratique nécessaires pour obtenir ce brevet.

Fait à Saumur, le   187

Les Membres du Jury d'examen :

Le Vétérinaire en premier,
professeur de maréchalerie,

Le Capitaine écuyer,

Le Vétérinaire principal,

Le Chef d'atelier,

Le Lieutenant-colonel commandant en second, Président,

VU ET APPROUVÉ :

Le Général de brigade, commandant l'École d'application de cavalerie,

(1) Nom et prénoms.
(2) Grade et corps.

MANUEL
DE MARÉCHALERIE

À L'USAGE

DES MARÉCHAUX FERRANTS

DE L'ARMÉE.

INTRODUCTION.

La maréchalerie est l'art de forger des fers et de les fixer, à l'aide de clous, sous les pieds du cheval, du mulet, de l'âne, du bœuf.

Quand l'art de ferrer était inconnu, le cheval ne pouvait fournir régulièrement des courses longues et rapides, porter et traîner de lourds fardeaux.

La profession du maréchal ferrant est donc très-utile ; elle est, en outre, difficile et compliquée. Le fer et la préparation du pied varient beaucoup, suivant la forme, les défectuosités et les maladies; suivant les aplombs, les allures, le genre de service, l'état du sol, etc.

Le maréchal ferrant trouvera exposées dans ce manuel de maréchalerie toutes les connaissances générales qui lui sont nécessaires.

Il y trouvera surtout les indications les plus précises sur la manière dont il doit agir dans l'exercice journalier de sa profession.

C'est à MM. les vétérinaires professeurs qu'il appartient de développer les principes formulés et les pratiques recommandées dans ce manuel.

C'est enfin, d'après ces principes et ces pratiques qu'ils doivent diriger l'exécution de la ferrure des chevaux de l'armée.

PREMIÈRE PARTIE.

CHAPITRE PREMIER.

Extérieur du cheval.

§ Ier. — NOMS ET POSITIONS DES RÉGIONS EXTÉRIEURES DU CHEVAL.

DIVISION DU CORPS DU CHEVAL — Le corps du cheval se divise en *avant-main, corps, arrière-main* (fig. 1).

Fig. 1.

L'*avant-main* est toute la partie du corps
en avant de la main du cavalier.

Le *corps* est situé entre l'avant-main et
l'arrière-main.

L'*arrière-main* est la partie du cheval qui
se trouve en arrière du cavalier et vient
après le rein.

RÉGIONS DE L'AVANT-MAIN. — Les régions
de l'avant-main sont : la *tête* (1), l'*encolure* (2), le *garrot* (3), le *poitrail* (4), l'*ars* (5),
l'*inter-ars* (6), les *membres antérieurs*.

Les membres antérieurs comprennent :
l'*épaule* (7) avec laquelle se confond le bras,
l'*avant-bras* (8), le *coude* (9), la *châtaigne* (10),
le *genou* (11), le *canon* (12), le *boulet* (13),
le *fanon* (14), l'*ergot* (15), le *paturon* (16),
la *couronne* (17), le *sabot* (18).

RÉGIONS DU CORPS. — Les régions du corps
sont : le *dos* (19), le *rein* (20), les *flancs* (21),
le *passage des sangles* (22), les *côtes* (23), le
ventre (24).

RÉGIONS DE L'ARRIÈRE-MAIN. — Les régions de l'arrière-main sont : la *croupe* (25),
les *hanches* (26), la *queue* (27), l'*anus* (28),
les *organes sexuels* du mâle (29) et de la fe-
melle, les *membres postérieurs*.

Les membres postérieurs comprennent :
la *fesse* (80), la *cuisse* (81), le *grasset* (82), la
jambe (33), le *jarret* (34), la *châtaigne* (85),
le *canon* (36), le *boulet* (37), le *fanon* (38),
l'*ergot* (39), le *paturon* (40), la *couronne* (41),
le *sabot* (42).

§ II. — SIGNALEMENT.

SIGNALEMENT. — Le signalement est l'é-
numération des signes qui peuvent faire
reconnaître un cheval.

Le signalement militaire comprend :

1° Le numéro matricule;

2° Le nom;

3° Le sexe;

4° L'âge;

5° La taille;

6° La robe;

7° Les particularités de la robe;

8° Les tares et signes indélébiles.

1° NUMÉRO MATRICULE. — Le numéro matricule est appliqué au fer chaud, sur le
sabot antérieur gauche, côté du dehors, à environ 2 centimètres de la couronne.

Les chevaux et mulets sont en général
marqués deux fois par an.

2° Nom. — Tout cheval ou mulet de l'armée reçoit, lors de son arrivée au corps, un nom qui reste invariable, dans toutes les positions, jusqu'à sa mort ou sa réforme.

C'est sous ce nom qu'il est connu et usuellement désigné.

3° Sexe. — L'armée utilise des chevaux entiers, des juments, des chevaux hongres.

4° Âge. — On constate l'âge à l'inspection des dents.

Dents. — Les dents qui servent particulièrement à la connaissance de l'âge sont les *incisives* de la mâchoire inférieure.

Nombre et division des incisives (fig. 2). — Les incisives sont au nombre de six à chaque mâchoire : les deux du milieu se nomment *pinces* (*a*); de chaque côté des pinces se trouvent les *mitoyennes* (*b*), et enfin les *coins* (*c*).

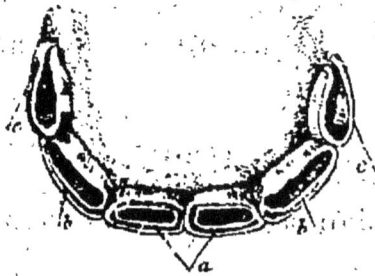

Fig. 2.

Dents de lait et dents de cheval. — Les incisives sont distinguées en *dents de lait* et en *dents de cheval.*

Les dents de lait sont plus petites et plus blanches; elles apparaissent les premières et sont remplacées par les dents de cheval.

Division de la dent (fig. 3). — La dent se divise en partie enchâssée ou racine (*b*), et en partie libre (*a*).

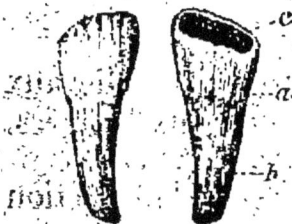

Table. — L'extrémité de la partie libre, appelée table, frotte contre les dents de la mâchoire opposée.

Fig. 3.

La table est creusée d'un trou plus ou moins profond, nommé *cornet* (fig. 3 : *c*), contenant à son fond un dépôt noirâtre appelé *germe de fève*.

Rasement. — La dent est dite *rasée* quand la cavité du cornet a disparu.

Signes de l'âge. — On reconnaît l'âge :

1° A la sortie et au rasement des incisives de lait;

2° A la sortie et au rasement des incisives de cheval;

3° A la forme de la table.

Sortie et rasement des incisives de lait. —

2.

au treizième jour (fig. 4)...
qui sont remplacées par les dents de lait...

...percée de la crête...
livrée en partie...
la racine...

...la longue...
...

Celle des mitoyennes, du trentième au
quarantième jour (fig. 5);

Celle des coins, du sixième au dixième
mois (fig. 6).

...

Les incisives de lait sont...
deux ans.

Sortie et usement des incisives. — La vérité...

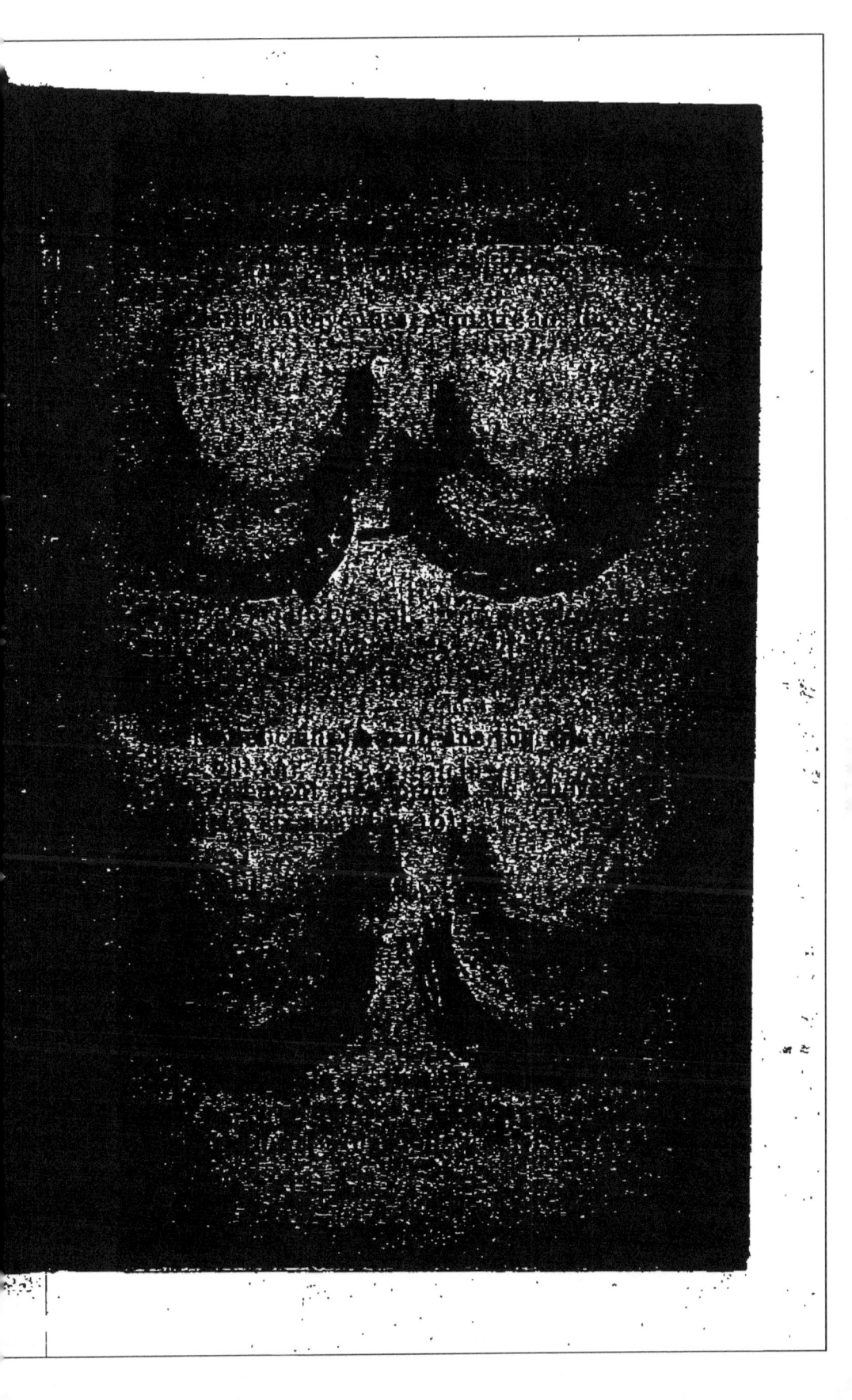

Celui des mitoyennes, à sept ans (fig. 11).
Celui des coins, à huit ans (fig. 12).

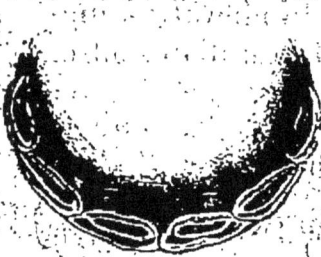 

Fig. 11.　　　　　　　　Fig. 12.

Après le rasement, le fond du cornet reste apparent jusqu'à l'âge de douze ans, époque de sa disparition.

Forme de la table. — La table des incisives inférieures est ronde à douze ans (fig. 13), triangulaire à seize ans (fig. 14),

 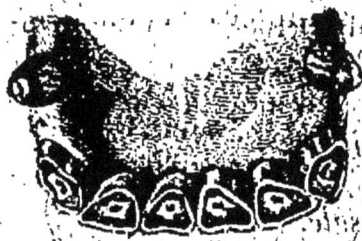

Fig. 13.　　　　　　　　Fig. 14.

aplatie d'un côté à l'autre à vingt ans.

Signes de vieillesse. — Chez les vieux chevaux, les dents s'allongent, jaunissent, se projettent en avant; la tête se décharne, les salières se creusent, des poils blancs se remarquent sur les tempes.

5° *TAILLE*. — La taille du cheval se mesure du garrot à terre, à l'aide d'une toise.

6° *ROBE*. — On appelle *robe* la couleur des poils et des crins du cheval.

Division des robes. — On divise les robes en cinq catégories :

1° Robes d'une seule couleur;
2° Robes d'une seule couleur, avec les crins et les jambes noirs;
3° Robes de deux couleurs;
4° Robes de trois couleurs;
5° Robes mélangées.

1° Robes d'une seule couleur. — Les robes d'une seule couleur sont : le *noir*, le *blanc*, l'*alezan*, le *café au lait*.

Le noir se divise en *noir franc, mal teint, jayet*.

Le blanc se divise en *blanc mat, porcelaine, sale*.

L'alezan, formé par un poil jaunâtre, se divise en *clair, foncé, brûlé*.

Le café au lait, couleur du mélange de ce nom, se divise en *clair* ou *foncé*.

2° *Robes d'une seule couleur, crins et jambes noirs.* — Les robes d'une seule couleur, avec les crins et les jambes noirs, sont : le *bai*, l'*isabelle*, le *souris*.

Le bai, formé par un poil rougeâtre, se divise en *bai clair, cerise, châtain, marron, brun.*

L'isabelle, formé par un poil d'un jaune particulier, est *clair* ou *foncé.*

Le souris a la teinte de l'animal de ce nom : il est *clair* ou *foncé.*

3° *Robes de deux couleurs.* — Les robes de deux couleurs sont : le *gris*, l'*aubère*, le *louvet.*

Le gris, mélange de poils blancs et de poils noirs, se divise en *clair, foncé, étourneau, de fer.*

L'aubère, mélange d'alezan et de blanc, est *clair* ou *foncé.*

Le louvet, deux couleurs dans le même poil, jaune et noir : il est *clair* ou *foncé.*

4° *Robes de trois couleurs.* — Il existe une robe de trois couleurs : le *rouan.*

Le rouan est *clair, vineux, foncé.*

5° *Robes mélangées.* — Le pie, composé de deux robes, est formé de plaques blanches sur une robe foncée ; il se divise en *pie noir, pie alezan, pie bai, pie aubère.*

Particularités des robes. — Les particularités des robes sont des taches ou des marques d'une autre couleur que le fond de la robe.

Les particularités les plus fréquentes sont les *marques blanches* à la tête et aux jambes.

Marques blanches à la tête. — Les marques blanches en tête portent différents noms ; on dit :

Quelques poils en tête, poils blancs au front ;

En tête, tache blanche au front ;

Pelote en tête, tache blanche arrondie ;

Lisse en tête, marque blanche allongée ;

Ladre, tache de couleur rosée.

Marques blanches aux jambes. — Les marques blanches aux jambes sont appelées *balzanes.*

La balzane est dite :

Trace de balzane, tache blanche à la couronne ;

Principe de balzane, cercle blanc faisant le tour de la couronne ;

Petite balzane, elle ne dépasse pas le boulet ;

Grande balzane, elle monte au-dessus du boulet ;

Balzane chaussée, elle monte au genou et au jarret.

§ III. — TARES.

TARES. — On appelle *tares* certaines tumeurs placées le long des membres et particulièrement autour des jointures.

Elles sont dues généralement à l'usure ou à des contusions.

DIVISION DES TARES. — Les tares se divisent en tares molles et en tares dures.

TARES MOLLES. — Les tares molles sont des poches pleines de liquide.

Elles ont reçu les noms suivants :

Molette, au boulet (fig. 15, A B).

 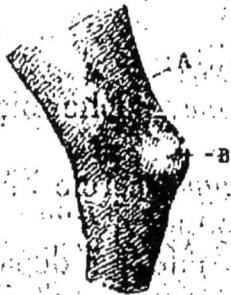

Vessigon, au jarret (fig. 16, A) au grasset, au genou ;

Capelet, à la pointe du jarret (fig. 16, B) ;

Éponge, à la pointe du coude.

Fig. 15.   Fig. 16.

Les molettes, le capelet, l'éponge font parfois boiter.

Les vessigons, et surtout ceux du genou et du grasset, font assez souvent boiter.

Tares dures. — Les tares dures poussent sur les os.

Elles portent les noms suivants :

Forme, au paturon et à la couronne (fig. 17, C);

Suros, au canon (fig. 18, A et B);

Fig. 17.

Fig. 18.

Eparvin, en dedans et en bas du jarret (fig. 19, A);

Jarde, en dehors et en arrière du jarret (fig. 20, A).

Les tares osseuses font souvent boiter les chevaux.

Fig. 19.   Fig. 20.

§ IV. — ALLURES.

MARCHE DU CHEVAL. — Le cheval marche au *pas*, au *trot*, au *galop*.

Dans l'action de marcher, chaque pied se *lève* et se *pose*. Le poser fait entendre un bruit nommé *battue* et laisse une trace sur le sol appelée *foulée*.

PAS. — Le pas est une allure lente que le cheval peut soutenir très-longtemps.

JEU DES MEMBRES AU PAS. — Au pas, les pieds se lèvent successivement et posent dans l'ordre de leur lever. Ainsi, par exemple, si le pied droit de devant entame l'allure, les autres pieds se lèvent dans l'ordre suivant : gauche de derrière, gauche de devant, droit de derrière.

Ils se posent dans le même ordre, de telle manière qu'il y en a toujours deux de levés et deux à l'appui.

BATTUES. — Le pas fait entendre quatre battues, parfaitement égales, si le cheval est droit; une des battues est plus forte, si le cheval est boiteux.

TROT. — Le trot est une allure plus ou moins rapide, assez fatigante, que le cheval peut soutenir un certain temps. Des temps de trot d'un à deux kilomètres sont suffisants pour le cheval de troupe, qui est ordinairement très chargé.

JEU DES MEMBRES AU TROT. — Le cheval qui trotte lève et pose les membres deux par deux, en diagonale. Ainsi, par exemple, le membre droit de devant se lève et se pose en même temps que le membre gauche de derrière, le membre gauche de devant en même temps que le membre droit de derrière.

En marche, au trot, le cheval saute d'une paire de membres sur l'autre paire; il y a donc un moment où il est en l'air.

BATTUES. — Le trot fait entendre deux battues égales, si le cheval est droit; une des battues est plus forte, si le cheval est boiteux.

GALOP. — Le galop est l'allure la plus rapide et, par conséquent, la plus fatigante.

C'est au pas et au trot qu'on fait des routes, et jamais au galop.

JEU DES MEMBRES AU GALOP. — Le cheval galope à *droite* ou à *gauche*, suivant que le

pied de devant, droit ou gauche, pose à
terre le dernier.

Au galop, le cheval est successivement à
terre et en l'air.

Quand, par exemple, il galope à droite,
ses pieds retombent sur la terre dans l'ordre
suivant : 1° pied gauche de derrière; 2° pieds
droit de derrière et gauche de devant; 3° pied
droit de devant.

Les pieds se lèvent dans l'ordre où ils ont
posé.

BATTUES. — A cette allure, on entend
donc trois battues, suivies d'un silence
pendant lequel le cheval est en l'air.

§ V. — APLOMBS.

APLOMBS. — On entend par *aplombs* la
direction que doivent avoir les membres
pour que le corps soit supporté d'une
manière régulière, tant au repos qu'en
marche.

EXAMEN DES APLOMBS. — On examine les
aplombs au repos et en marche.

Au repos, on voit si les membres de devant et les membres de derrière sont dans
une bonne ou mauvaise direction.

En marche, on voit si le jeu des membres est régulier ou irrégulier.

Aplombs de pied ferme.

APLOMBS DES MEMBRES DE DEVANT. — Les aplombs des membres de devant se jugent de profil et de face.

DE PROFIL. — Le membre de devant, vu de profil, est *bien d'aplomb* (fig. 21) quand il est vertical du haut de l'avant-bras au boulet et moyennement incliné du boulet au sol.

Lorsque le membre de devant, vu de profil, *n'est pas d'aplomb*, le cheval est dit :

Sous-lui, membres inclinés d'avant en arrière (voir fig. 22, p. 32);

Fig. 21.

Campé, membres inclinés d'arrière en avant (fig. 23);

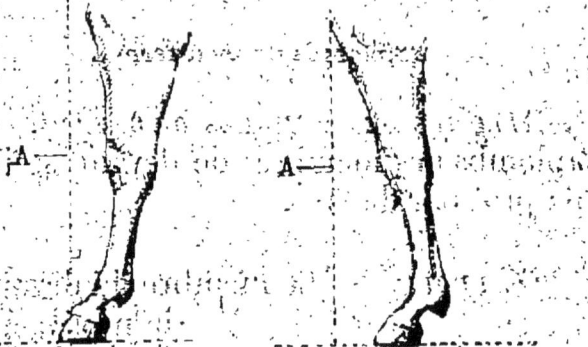

Fig. 22.   Fig. 23.

Brassicourt, genoux portés en avant (défaut de nature) (fig. 24);

Arqué, genoux portés en avant (résultat d'usure) (fig. 24);

Genou creux, en arrière de la ligne d'aplomb (défaut de nature) (fig. 25);

Fig. 24.   Fig. 25.

Bas-jointé, paturons trop inclinés (fig. 26);

Fig. 26.

Fig. 27.

Fig. 28.

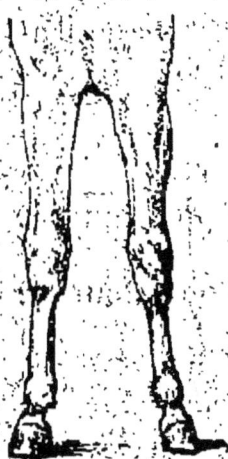

Fig. 29.

Fig. 30.

Droit-jointé, paturons trop droits (fig. 27);

Bouleté, boulets portés en avant.

DE FACE. — Le membre de devant, vu de face, est *bien d'aplomb* quand il est vertical du haut de l'avant bras au sol (fig. 28).

Lorsque le membre de devant, vu de face, *n'est pas d'aplomb*, le cheval est dit:

Trop ouvert, membres trop écartés (fig. 29);

Serré du devant, membres trop rapprochés (voir fig. 30, p. 33);

Panard des jambes, membres tournés en dehors, les coudes en dedans (fig. 31);

Cagneux des jambes, membres tournés en dedans, les coudes en dehors (fig. 32);

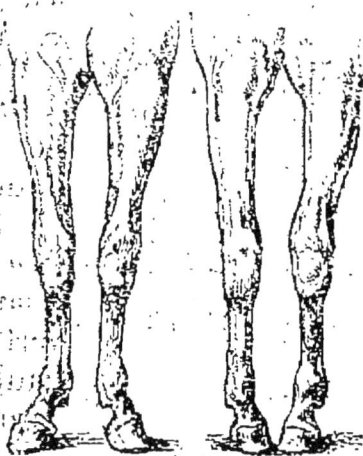

Fig. 31.   Fig. 32.

Panard du pied, pince du pied tournée en dehors;

Cagneux du pied, pince du pied tournée en dedans.

APLOMBS DES MEMBRES DE DERRIÈRE. — Les aplombs des membres de derrière se jugent de profil et par derrière.

DE PROFIL. — Le membre de derrière, vu
de profil, est *bien
d'aplomb* quand il est
vertical du haut du
jarret au boulet, et
moyennement incliné
du boulet au sol
(fig. 33).

Lorsque le membre
de derrière, vu de
profil, *n'est pas d'a-
plomb*, le cheval est
dit :

Sous-lui, membres
inclinés d'arrière en
avant (fig. 34);

Campé, membres
inclinés d'avant en ar-
rière (fig. 35);

Fig. 33.

Fig. 34.

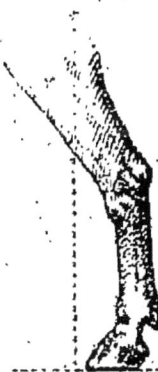

Fig. 35.

Bas-jointé,
paturons trop
inclinés;

*Droit-join-
té*, paturons
trop droits;

Bouleté, les
boulets portés
en avant;

3.

Pinçard, la pince à terre, les talons en l'air.

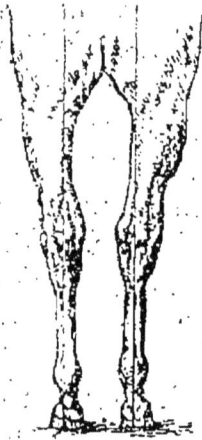

PAR DERRIÈRE. — Le membre postérieur, vu par derrière, est *bien d'aplomb* quand il est vertical de la pointe du jarret au sol (fig. 36).

Lorsque le membre postérieur, vu par derrière, *n'est pas d'aplomb,* le cheval est dit :

Trop ouvert, membres trop écartés, les pointes des jarrets en dehors (fig. 37);

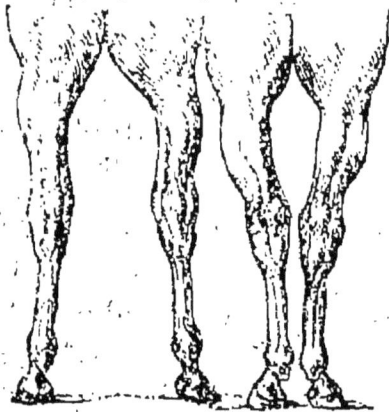

Trop serré, membres trop rapprochés, les pointes des jarrets en dedans (fig. 38);

Panard, clos, crochu, membres tournés en dehors, les pointes des jarrets en de-

Fig. 36.

Fig. 37.

Fig. 38.

dans (presque tous les cl.cvaux sont un peu panards du derrière) (fig. 39);

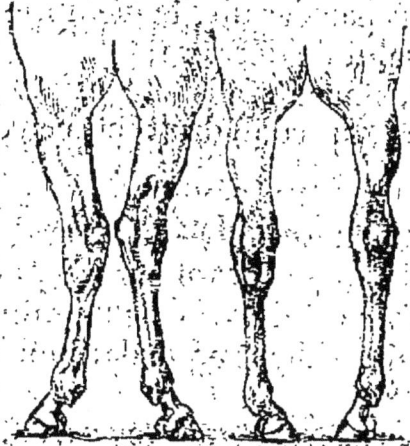

Fig. 39.   Fig. 4o.

Cagneux, membres tournés en dedans, les pointes des jarrets en dehors (fort rare) (fig. 4o).

Aplombs en marche.

APLOMBS EN MARCHE. — Les aplombs étudiés de pied-ferme ne suffisent pas au maréchal ferrant. Il doit encore connaître les aplombs en marche, voir si le jeu des membres est régulier ou irrégulier.

BON APLOMB. — Le cheval bien d'aplomb *marche en ligne;* ses membres se fléchissent et s'étendent dans le sens du mouvement;

Quand le cheval est vu par derrière, le membre de derrière couvre celui de devant; s'il est vu par devant, le membre de devant couvre celui de derrière;

Une distance suffisante existe entre les membres du côté droit et ceux du côté gauche.

MAUVAIS APLOMB. — Le cheval n'est pas d'aplomb, quand ses membres, au lieu de se mouvoir en ligne et suffisamment écartés, se rapprochent en dedans ou se jettent en dehors.

Alors le cheval peut être *panard, cagneux, se croiser, se couper, forger, s'atteindre, se déferrer, butter.*

CHEVAL PANARD. — Le cheval est *panard en marche,* quand le pied, en se levant, se rapproche du membre à l'appui, et, en posant, s'en éloigne.

Le cheval panard du membre se coupe fréquemment.

A l'extrémité d'un membre panard doit se trouver ordinairement un pied panard.

CHEVAL CAGNEUX. — Le cheval est *cagneux en marche,* quand le pied, en se levant, est jeté en dehors, et, en posant, se rapproche en dedans.

Le cheval cagneux du membre est nécessairement très-ouvert; il se coupe très-ra-
rement.

A l'extrémité d'un membre cagneux doit
se trouver ordinairement un pied cagneux.

SE CROISER. — Le cheval *se croise*, quand
les pieds de devant et plus souvent de derrière se rapprochent trop dans la marche.
Parfois même ils se placent l'un devant
l'autre, au lieu de se tenir écartés.

Le cheval qui se croise de devant est
exposé à s'abattre et à se couronner.

Celui qui se croise de derrière se coupe
souvent.

SE TOUCHER, SE COUPER, S'ENTRE-TAILLER.
— Le cheval *se touche*, lorsque le pied du
membre en mouvement heurte le dedans
du membre à l'appui, use le poil, le souille
de poussière ou de boue.

Le cheval *se coupe*, s'il y a plaie, croûte,
cicatrice au point touché.

Le cheval *s'entre-taille*, si cette plaie,
croûte, cicatrice se remarque sur les deux
membres.

Le cheval se touche, se coupe, s'entre-
taille en haut du sabot, au boulet, au canon, au-dessous du genou, jamais au jarret.

Le cheval se coupe plus fréquemment du derrière que du devant : parce que beaucoup de chevaux sont un peu panards du derrière.

CAUSES. — Les chevaux sont exposés à se couper par suite du manque de force, de la fatigue, du travail sur un sol irrégulier ou glissant, de fers ayant de la garniture en mamelle et en quartier du dedans.

De même les chevaux serrés du devant et du derrière, ceux qui se croisent, et tout particulièrement ceux qui sont panards, se coupent fréquemment.

Le cheval panard qui marche haut se coupe en dessous et en dedans du genou.

Le cheval panard qui rase le tapis s'use la corne et se coupe à la couronne.

FORGER. — Le cheval *forge* quand la pince du pied de derrière rencontre le fer de devant. Cette rencontre fait entendre un bruit particulier analogue à celui du marteau tombant sur l'enclume.

Le cheval qui forge est exposé à se déferrer, à butter, à tomber, à s'attraper aux talons, au bourrelet, et à s'y faire des atteintes plus ou moins graves.

Le cheval forge ordinairement en éponges ou en branches et plus rarement en voûte.

S'ATTEINDRE. — Le cheval *s'atteint*, se donne des atteintes, quand il frappe la partie inférieure du membre de devant avec la pince du pied de derrière, ou quand, en se croisant, il se blesse à la couronne avec les éponges du fer du pied opposé; enfin il y a des atteintes que les chevaux se font entre eux, dans les manœuvres.

SE DÉFERRER. — Le cheval qui se croise, qui forge, qui se donne des atteintes, est exposé à *se déferrer.*

BUTTER. — Le cheval *butte* quand, dans la marche, il rencontre les inégalités du sol avec la pince du pied.

Le cheval qui butte *rase le tapis*, autrement dit, ne lève pas assez les pieds en marchant; il est exposé à tomber et à se couronner.

RÔLE DU MARÉCHAL. — Le maréchal, au moyen d'une bonne ferrure, peut parer à beaucoup des inconvénients des vices d'aplomb en marche.

CHAPITRE II.

Organisation du pied.

§ Ier. — DESCRIPTION DU PIED.

DÉFINITION DU PIED. — Le pied est la partie inférieure de chaque membre, recouverte par une boîte cornée appelée *sabot*.

Les pieds, au nombre de quatre, sont distingués en *pieds de devant* et en *pieds de derrière*.

ORGANISATION DU PIED. — Le pied est admirablement organisé pour supporter le corps, au repos et en marche.

Il comprend des *parties intérieures* et deux enveloppes, l'une de *chair*, l'autre de *corne*, appelée *sabot*.

1° Parties intérieures.

PARTIES INTÉRIEURES. — Les parties intérieures du pied sont formées de *deux os*, de *deux cartilages*, de *deux tendons*, d'un *coussinet de chair*.

DEUX OS. — Les deux os sont : l'*o du pied* et l'*os naviculaire*.

Os du pied. — L'os du pied (fig. 41;
fig. 44 : *c*) donne sa forme au sabot. Il sert

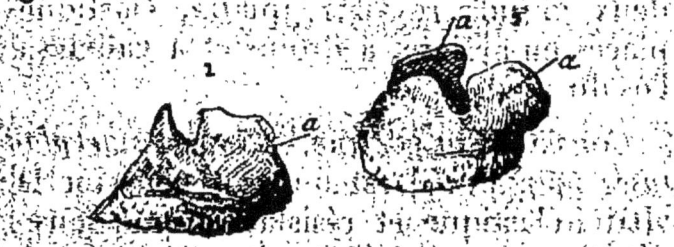

Fig. 41.

d'attache : en avant et en haut, à un tendon (espèce de corde fibreuse très-résis-
tante) chargé d'étendre le pied ; en arrière
et en dessous, à un autre tendon chargé de
fléchir le pied.

Le pied est donc mis en mouvement par
un tendon extenseur (fig. 44 : *k*) et par un
tendon fléchisseur (fig. 44 : *l*).

Os naviculaire.—L'os naviculaire (fig. 42;
fig. 44 : *d*), petit os qui a la
forme d'une navette, est situé
et attaché en dessous et en
arrière de l'os du pied.

Fig. 42.

Ces deux os for-
ment une jointure
en charnière avec
l'os de la couronne
(fig. 43 ; fig. 44 : *b*) situé au-dessus d'eux.

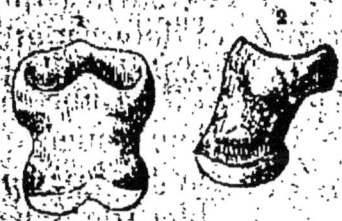

Fig. 43.

Cartilages. — Les *cartilages de l'os du pied* (fig. 41 : *a*) peuvent être comparés à deux grands ressorts aplatis, élastiques, placés en arrière, à droite et à gauche de l'os du pied.

Coussinet plantaire. — Le *coussinet plantaire* (fig. 44 : *j*) est un gros coussinet de chair, élastique et résistant, situé sous le pied, au-dessous du tendon fléchisseur et entre les cartilages. Il est pointu en avant et bifurqué en arrière.

2° Enveloppe de chair.

Chair du pied. — La chair du pied enveloppe les parties intérieures du pied ; elle est recouverte et protégée par le sabot.

Ce qu'on appelle *enveloppe de chair* ou *chair du pied* n'est autre chose que la continuité de la peau du membre, laquelle est modifiée dans son aspect extérieur et dans ses propriétés. Elle a une couleur rouge qui la fait ressembler à de la chair

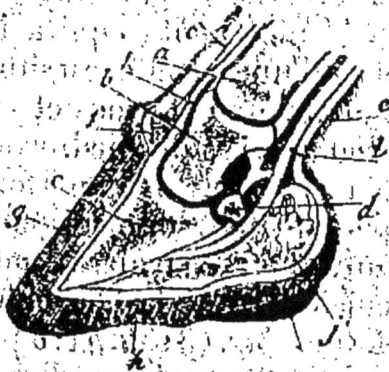

Fig. 44.

musculaire et lui a fait donner le nom
qu'elle porte de *chair du pied*, elle est beaucoup plus sensible, parce que ses nerfs
sont plus développés; enfin elle présente
à sa surface des prolongements soit filamenteux, soit disposés en feuillets comme
les pages d'un livre, grâce auxquels le sabot
qui la recouvre lui est solidement attaché.

La grande sensibilité de la peau recouverte par le sabot donne l'explication des
souffrances si grandes que les chevaux
éprouvent à la suite des piqûres, des blessures, des foulures ou de toute autre cause,
comme les resserrements, les pincements,
les pressions susceptibles de déterminer de
la douleur.

On distingue dans l'enveloppe de chair
trois parties : le *bourrelet*, la *chair cannelée*
et la *chair veloutée*, encore appelée *tissu velouté*.

BOURRELET. — Le *bourrelet* (fig. 44 : *f*;
fig. 45 : *c*), qui doit son nom à sa forme
renflée, est logé dans une gouttière circulaire du bord supérieur du sabot, auquel il
est étroitement uni, grâce à une multitude
de petits prolongements filamenteux appelés
villosités, qui s'élèvent de sa surface et pénètrent dans la corne à une assez grande

profondeur, par tout autant de trous qu'il y a de villosités.

Ces villosités sont des organes spéciaux de sensibilité par l'intermédiaire desquels le cheval perçoit les sensations à travers l'épaisseur de la corne. C'est le bourrelet qui est la matrice de la partie du sabot que l'on appelle paroi ou muraille, laquelle pousse incessamment, grâce à la formation continuelle, à la surface du bourrelet, de couches nouvelles de corne qui s'ajoutent aux anciennes et les charrient devant elles.

BOURRELET PÉRIOPLIQUE. — Le *bourrelet périoplique* est un petit cordon de chair placé au-dessus du bourrelet.

Il sécrète le périople.

CHAIR CANNELÉE. — La *chair cannelée* ou *feuilletée* (fig. 45 : b; fig. 46 : c) recouvre tout le pourtour du pied.

Elle présente à sa surface une grande quantité de cannelures ou feuillets parallèles entre eux, descendant en droite ligne du bourrelet.

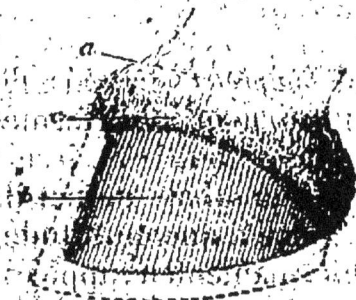

Fig. 45.

Les feuillets de chair sont solidement engrenés avec les feuillets de corne.

Ils sécrètent les feuillets de corne.

CHAIR VELOUTÉE. — La chair veloutée (fig. 46 : *a* et *b*) recouvre le dessous du pied.

Elle doit son nom à une multitude de villosités qui forment à sa surface un fin gazon et pénètrent dans la corne, où elles vont porter la sensibilité et le sang.

Fig. 46.

La chair veloutée sécrète la sole et la fourchette.

3° Enveloppe de corne.

SABOT. — Le *sabot* est l'enveloppe de corne qui revêt et protège le pied (fig. 47 et 49).

Il a la forme d'un cône à base inférieure, placé obliquement au bout du membre, creux en dessous et fendu en arrière.

DIVISION DU SABOT. — Le sabot se divise

en quatre parties : la *paroi*, le *périople*, la *sole*, la *fourchette*.

Paroi. — La *paroi* ou *muraille* (fig. 47 et 49 : *a*) est la portion du sabot qui est visible quand le pied pose à terre.

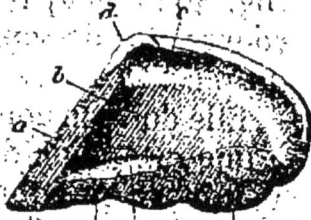

Fig. 47.

C'est une bande de corne en forme de croissant. Sa largeur diminue progressivement en arrière; ses extrémités, terminées en pointe, se replient en dedans, sous le pied, en encadrant la fourchette.

On reconnaît à la paroi :

Un *bord supérieur* creusé d'une gouttière (fig. 47 : *d*) où se loge le bourrelet et où la corne est sécrétée;

Un *bord inférieur*, en rapport avec la terre, par lequel la paroi frotte et use; par ce même bord elle est soudée avec le pourtour de la sole;

C'est dans cette région qu'on implante les clous pour fixer le fer;

Une *face intérieure*, doublée de feuillets de corne blanche, souple, élastique;

Une *face extérieure* recouverte par le périople.

PÉRIOPLE. — Le *périople* (fig. 49 : *f*, et fig. 48 : *a*) est une bande mince de corne

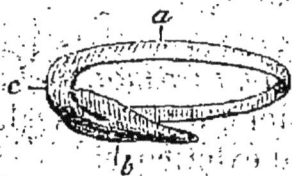

molle, qui forme comme une espèce de couronne au sabot, et se soude en arrière (*c*) avec la fourchette (*b*).

Fig. 48.

Le périople s'étend sur toute la paroi, sous forme d'un vernis brillant, mince, peu perméable à l'eau.

Il protége la paroi contre la sécheresse et l'humidité.

RÉGIONS DE LA PAROI. — La paroi a été subdivisée en plusieurs régions (fig. 49) :

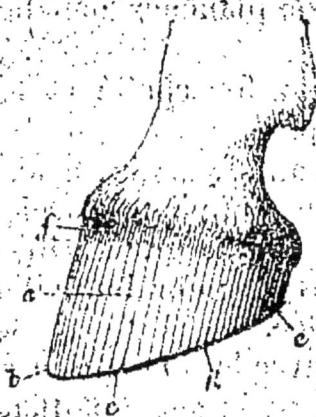

La *pince* (*b*) forme la région antérieure;

Les *mamelles* (*c*), du dedans et du dehors, se trouvent de chaque côté de la pince;

Les *quartiers* (*d*), du dedans et du dehors, occupent les côtés du sabot;

Fig. 49.

Les *talons* (*e*), du dedans et du dehors, sont tout à fait en arrière;

Les *arcs-boutants* ou *barres* (fig. 50 *cc*), placés de champ sous le pied, sont les extrémités repliées de la paroi.

CONSISTANCE ET FORCE DE LA PAROI. — La corne de la paroi est molle du côté de la chair et dure à la surface extérieure.

Son épaisseur est plus grande en pince, mamelles et talons qu'en quartiers; plus grande au quartier du dehors qu'à celui du dedans.

C'est de l'épaisseur de la corne, de sa qualité, de sa direction que dépendent la bonté du pied et la solidité de la ferrure.

SOLE. — La *sole* est le plancher du sabot (fig. 50 : *d*).

Elle forme, avec la fourchette et les barres, le dessous du pied.

C'est un large croissant de corne, épais, aplati, emprisonné dans l'arc de la paroi.

Sa face intérieure, bombée, est criblée d'orifices qui logent les innombrables villosités de la chair veloutée.

Sa face en rapport avec le sol est creuse, dure, écailleuse.

Chaque extrémité du croissant occupe l'angle compris entre le talon et la barre correspondante.

FOURCHETTE. — La *fourchette de corne* (fig. 50 : *e*) recouvre le coussinet plantaire, sur lequel elle se moule.

C'est un coin de corne molle et élastique qui, à l'état de nature, pose sur le sol par sa portion renflée et élargie.

Elle est soudée, par côtés, avec les barres; en arrière, avec le périople; par sa face supérieure, avec la chair veloutée du coussinet plantaire.

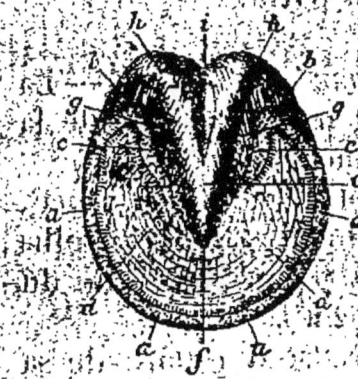

Fig. 50.

DIVISION DE LA FOURCHETTE. — La fourchette se divise en *pointe, corps* et *branches.*

La *pointe* (*f*) est l'extrémité avancée dans la sole;

Le *corps* (*e*) est entre la pointe et les branches;

Les *branches* (*h*) ferment, en arrière, l'espace compris entre les barres.

Trois profondes tranchées, appelées *lacunes*, se remarquent dans cette région :

La *lacune médiane* (*i*), tranchée du milieu, située entre les branches de la fourchette;

4.

Les *lacunes latérales* (9) au nombre de
deux, comprises entre chaque branche et
la barre correspondante.

*DIFFÉRENCES ENTRE LES PIEDS DE DEVANT
ET DE DERRIÈRE, ENTRE LES PIEDS DE DROITE
ET DE GAUCHE.* — Les pieds de devant et de
derrière diffèrent de forme.

Les pieds de devant sont larges, arrondis, évasés, à sole plus plate, à talons plus
inclinés et plus rapprochés.

Les pieds de derrière sont plus ovales,
moins inclinés; la sole est plus creuse, les
talons plus écartés.

Un pied droit se distingue facilement
d'un pied gauche : le dehors du sabot étant
toujours plus oblique et plus évasé que le
dedans.

§ II. — PROPRIÉTÉS, BEAUTÉS, DÉFECTUOSITÉS
DU SABOT

1° *Propriétés du sabot.*

PROPRIÉTÉS DU SABOT. — Le sabot est
formé de corne; il pousse, il use et se conserve.

CORNE. — La corne est une matière élastique et résistante. Elle se ramollit dans

l'eau, durcit en se desséchant. Elle brûle en donnant beaucoup de fumée, et le charbon qu'elle forme en brûlant protége la chair contre l'action du feu.

COULEUR DE LA CORNE. — La couleur de la corne est noire ou blanche, parfois noire et blanche sur le même sabot.

Quand la peau qui surmonte le bourrelet est rose, la corne de la paroi est blanche.

Quand la peau est noire, la corne l'est aussi.

La corne de la paroi est toujours blanche à l'intérieur. Celle de la sole et de la fourchette a la même couleur dans toute son épaisseur.

CONSISTANCE ET SENSIBILITÉ DU SABOT. — Le sabot s'imprègne sans cesse de l'humidité de la chair. La corne est donc souple et molle en dedans. Elle devient d'autant plus dure, plus résistante, qu'elle est plus extérieure.

Cette consistance variée est facile à reconnaître en parant le pied. On voit que le boutoir abat de la corne de plus en plus molle.

Quand la sole amincie cède sous la pression du pouce, la chair est proche; il y a danger à aller plus loin.

Un dernier coup de boutoir détermine de
la douleur; subitement apparaît une rosée
de sang.

La sensibilité et les gouttelettes de sang
viennent de ce que les villosités ont été fau-
chées par l'instrument tranchant.

Voilà comment la nature est arrivée à
faire du sabot un manchon moelleux pour
entourer les parties vivantes, une boîte dure
et résistante pour subir les chocs extérieurs,
enfin un organe de toucher assez délicat.

ÉLASTICITÉ DU SABOT. — L'élasticité du
sabot consiste dans un léger mouvement
d'écartement et de rapprochement des talons.

En marche, au poser, la fente postérieure
du sabot s'ouvre; elle se referme lors du
lever.

L'élasticité du pied se produit surtout
lorsque la fourchette est forte et appuie sur
le sol.

UNION DU SABOT AVEC LA CHAIR. — Le
sabot est solidement attaché à la chair.
Cette union intime est due aux villosités du
bourrelet et de la chair veloutée, et surtout
à l'engrènement des feuillets de chair avec
les feuillets de corne de la paroi.

Aussi l'arrachement du sabot est-il un

accident fort rare et très-grave, qui nécessite ordinairement l'abatage du cheval.

Pousse du sabot. — Le sabot pousse et
use sans relâche. La paroi pousse également
à tout son pourtour; mais comme elle
frotte et use par son bord inférieur, sa longueur est à peu près toujours la même.

La sole et la fourchette ne peuvent ac-
quérir une épaisseur exagérée; elles se des-
sèchent, se fendillent et tombent par écailles.

La corne pousse plus rapidement dans les
pays chauds que dans les pays froids, en
été qu'en hiver, sur le pied en santé que
sur le pied malade.

En moyenne, un sabot met environ neuf
mois pour se renouveler entièrement.

Usure du sabot. — L'usure naturelle du
sabot, non ferré, est constante et propor-
tionnée à la pousse.

L'usure est tellement bien calculée qu'elle
intéresse également tout le pourtour du pied,
qui dès lors conserve son aplomb.

Sur le pied ferré la corne pousse et n'use
pas; de là nécessité de raccourcir le sabot
pour le maintenir à une longueur convenable.

Conservation de la forme du sabot. —
Le sabot, à l'état de nature, conserve par-

faitement sa forme et ses qualités, par suite des conditions suivantes :

1° L'élasticité est complète sur un pied dont la fourchette appuie en plein sur la terre;

2° L'usure constante qui se produit maintient le pied d'une longueur convenable et dans un aplomb régulier;

3° La sole a toute son épaisseur, et empêche les talons de se resserrer;

4° Les poils de la couronne recouvrent et garantissent le bourrelet; le vernis de la paroi protége le pied contre les alternatives de sécheresse et d'humidité;

5° Enfin l'eau du sol, la rosée du matin, la fraîcheur de l'herbe, maintiennent le sabot dans un état d'humidité très-favorable à la conservation de sa forme.

2° Beautés du pied.

PIED VIERGE. — Le pied vierge de ferrure d'un cheval élevé sur un bon sol et suffisamment exercé est un type de beauté et de perfection.

Comparé au pied ferré, le pied vierge est grand et fort; aussi large que long, bien d'aplomb, il constitue un solide support.

Vu de face. — *Vu de face,* le beau pied est moins large en haut qu'en bas, plus évasé en dehors qu'en dedans, d'une égale hauteur sur chacun de ses côtés.

Vu de profil. — *Vu de profil,* la ligne de pince est moyennement inclinée; la hauteur des talons est égale à la moitié au moins de la hauteur de la pince; le bourrelet est régulièrement incliné, en ligne droite, de la pince aux talons.

Vu par derrière. — *Vu par derrière,* le beau pied à des talons largement écartés, égaux et également élevés, qui tombent presque verticalement sur le sol, surtout le talon du dedans, sensiblement plus vertical que l'autre.

Vu en dessous. — *Vu en dessous,* le beau pied a la sole creuse et épaisse, la fourchette forte, saine et assez dure, les barres ou arcs-boutants ni trop droits ni trop couchés; la pince et les mamelles de la paroi et de la sole sont fortement attaquées par l'usure.

Corne du beau pied. — La corne du beau pied est noire ou gris foncé; la paroi, lisse et luisante, laisse voir sa structure fibreuse.

3° Pieds défectueux.

PIEDS DÉFECTUEUX. — Le pied du cheval est défectueux :

1° Par défaut de proportion : pieds *trop grands, trop petits, inégaux* ;

2° Par défaut de conformation : pieds *plats, combles, longs en pince, encastelés, à un quartier resserré, à talons chevauchés, ordinaires à talons serrés, plats à talons serrés, à talons serrés par en bas, à talons serrés par en haut* ;

3° Par défaut d'aplomb : pieds *de travers, panards, cagneux, pinçards, rampins, à talons bas, à talons hauts, à talons fuyants* ;

4° Par défaut de qualité de la corne : pieds *gras, maigres, cerclés, à paroi séparée de la sole, à talons faibles, dérobés.*

1° Défauts de proportion.

PIED TROP GRAND. — Le pied trop grand est trop volumineux par rapport au corps qu'il supporte.

Le cheval est souvent maladroit et exposé à se couper.

PIED TROP PETIT. — Le pied trop petit est trop peu volumineux pour le corps.

Les pieds petits sont souvent délicats, sensibles, exposés aux boiteries.

PIEDS INÉGAUX. — L'inégalité des pieds est assez généralement grave; le cheval a boité, boite ou boitera probablement du pied le plus petit.

2° Défauts de conformation.

PIED PLAT. — Le *pied plat* a la paroi évasée, les talons bas et largement écartés, la sole plate et peu épaisse, la fourchette forte, les barres inclinées.

Le pied plat est sujet à la bleime et à la foulure de sole.

PIED COMBLE. — Le *pied comble* a la paroi évasée, les talons très-bas, la sole bombée et mince, la fourchette forte, les barres affaissées et infléchies.

Le pied comble est une modification du pied plat produite par une maladie appelée *fourbure*.

Ce pied est sensible, délicat, souvent boiteux.

PIED LONG EN PINCE. — Le *pied long en pince*, par suite de conformation, est allongé en pince, aplati et mince en quartiers, à talons souvent fuyants; la sole de pince est généralement fort mince.

Le pied long en pince est disposé à se dérober.

Un pied ordinaire peut devenir un pied à pince longue par le fait du maréchal qui laisse la pince et abat les talons.

PIED ENCASTELÉ. — Le pied encastelé est atteint d'un resserrement des quartiers et des talons.

Ce pied est haut et droit, plus étroit en bas, resserré par côtés, à talons forts et rentrés, à sole creuse, à fourchette maigre, dure et remontée, à barres verticales.

La corne est dure, sèche, souvent jaune et infiltrée.

Les chevaux du Midi et d'Afrique sont plus particulièrement exposés à l'encastelure.

Le pied encastelé est parfois sensible, douloureux même. Alors, au départ, le cheval marche comme sur des épines.

PIED À QUARTIER RESSERRÉ. — Le pied à un quartier resserré a la paroi de ce quartier mince, cerclée; le talon du même côté chevauche le talon opposé et comprime les branches de la fourchette.

Le pied à un quartier resserré n'est pas d'aplomb, pousse peu, est souvent atteint de seime et de bleime.

Pied à talons chevauchés. — Le pied à talons chevauchés n'a pas les talons sur la même ligne; un des deux, presque toujours celui du dedans, surmonte plus ou moins l'autre.

Le talon surélevé est toujours rentré et serré.

Le côté des pieds panards, cagneux, qui porte le plus de poids chevauche souvent l'autre côté.

De même, en parant trop un côté du sabot, on peut, à la longue, le faire chevaucher.

Le pied à talons chevauchés n'est pas d'aplomb; le talon surélevé pousse peu, et est parfois atteint de seime et de bleime.

Pied ordinaire à talons serrés. — Le pied ordinaire à talons serrés a les talons rapprochés l'un de l'autre, la sole creuse, la fourchette remontée et amaigrie.

Ce pied est souvent sensible et sujet aux bleimes.

Pied plat à talons serrés. — Le pied

plat à talons serrés a les talons très-rapprochés, eu égard au volume du pied. La sole est plate; la fourchette, très-amaigrie en branches, est forte à son corps et à sa pointe; les barres sont affaissées et incurvées.

Les talons serrés du pied plat poussent peu, sont souvent douloureux et atteints de bleimes.

PIED À TALONS SERRÉS PAR EN BAS. — Le pied à talons serrés par en bas a les talons rapprochés surtout par en bas, et ployés en dedans sur la fourchette, dont ils écrasent les branches.

Les talons sont très-faibles et sujets aux bleimes.

PIED À TALONS SERRÉS PAR EN HAUT. — Le pied à talons serrés par en haut a les talons serrés au bourrelet et évasés par en bas.

Ce pied a la paroi mince et est sujet aux seimes quartes.

3° Défauts d'aplomb.

PIED DE TRAVERS. — Le pied paré de travers a perdu son aplomb et penche du côté où il est le plus paré.

Le côté du sabot surchargé de poids finit à la longue par se resserrer, la paroi devient mince, le talon chevauche son voisin.

Le pied paré de travers est l'origine du resserrement du quartier, du chevauchement des talons.

Et si ces accidents se remarquent le plus souvent au pied antérieur gauche, c'est que ce pied est presque toujours plus paré en dedans qu'en dehors.

PIED PANARD. — Le pied panard (fig. 51)

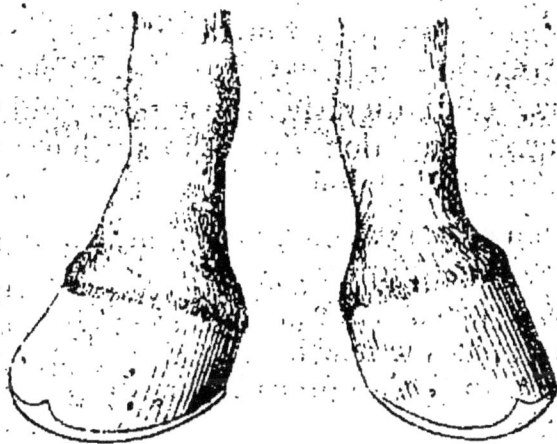

Fig. 51.

a la pince tournée en dehors, le quartier du dehors est fort et évasé; celui du dedans est relativement faible et resserré; le talon du dedans chevauche souvent celui du dehors.

PIED CAGNEUX. — Le *pied cagneux* (fig. 52)

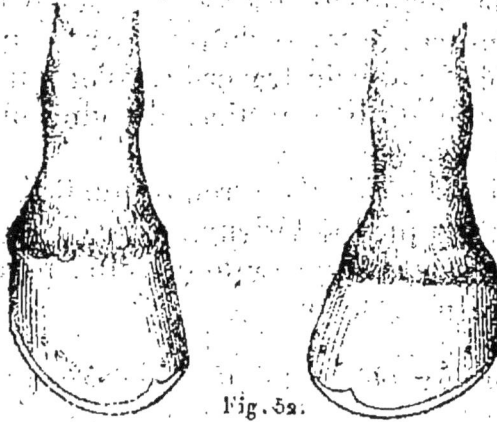

Fig. 52.

a la pince du pied tournée en dedans; le quartier du dedans est fort et relativement évasé, celui du dehors est plus faible et resserré. Le talon du dehors chevauche quelquefois le talon du dedans.

PIED PINÇARD. — Le *pied pinçard* appuie sur la pince, qui est courte et droite; les talons, généralement hauts et écartés, ne posent pas sur le sol.

Le cheval n'est pinçard que des pieds de derrière.

PIED RAMPIN. — Le pied est dit *rampin* quand la paroi présente en pince une direction perpendiculaire et que les talons ont une hauteur égale à celle de la pince.

PIED À TALONS BAS. — Le *pied à talons*

bas n'est pas d'aplomb. Le poids du corps porte en arrière et écrase les talons. Les talons, souvent bleimeux, sont faibles, poussent peu et tendent à se resserrer.

PIED A TALONS HAUTS. — Le *pied à talons hauts* est concentré et fort; la sole est creuse, la fourchette remontée.

Beaucoup de chevaux du Midi, les mulets, ont des pieds à talons hauts.

PIED A TALONS FUYANTS. — Le *pied à talons fuyants* est trop incliné sous le membre. Les talons étant longs et couchés, le poids du corps est jeté en arrière; le cheval fatigue au repos et en marche.

4° Défauts de qualité de la corne.

PIED GRAS. — Le *pied gras* a la paroi et la sole minces, molles, faciles à couper.

L'ouvrier est exposé à attaquer la chair par le boutoir et les clous.

PIED MAIGRE. — Le *pied maigre* est formé de corne mince, sèche et cassante.

C'est un pied souffrant, qui pousse peu; l'ouvrier doit craindre de le piquer et de le serrer par les clous.

PIED CERCLÉ. — Le *pied cerclé* présente des saillies circulaires et étagées à la surface de la paroi.

Les cercles annoncent ordinairement un pied souffrant.

Des cercles accusés et rapprochés sont d'un mauvais augure; la corne est alors sèche, cassante, écailleuse.

PIED À PAROI SÉPARÉE DE LA SOLE. — Le *pied à paroi séparée de la sole* est celui qui présente une tranchée plus ou moins profonde entre ces deux parties du sabot.

Ce pied est court, sensible, peu solide et pousse lentement.

Le bord inférieur de la paroi est sec, cassant, exposé à se dérober; la sole est mince, sèche, souvent infiltrée de sang.

PIED À TALONS FAIBLES. — Le *pied à talons faibles* est caractérisé par un manque de force et de consistance de la corne des talons.

Il est exposé aux foulures et aux bleimes.

PIED DÉROBÉ. — Le *pied dérobé* a le bord inférieur de la paroi irrégulier, déchiqueté, éclaté par places. Il ne peut donner attache aux clous à tout son pourtour.

Les pieds gras, maigres, à talons faibles, à paroi séparée de la sole sont prédisposés à se dérober.

De très-bons pieds peuvent se dérober par suite d'une mauvaise ferrure.

DEUXIÈME PARTIE.

CHAPITRE PREMIER.

§ Iᵉʳ. — ATELIER DE MARÉCHALERIE.

ATELIER DE MARÉCHALERIE. — L'*atelier de maréchalerie* est un local où se trouvent réunis les instruments qui servent à forger le fer et à ferrer le cheval.

Dans l'armée on l'appelle la forge.

HANGAR À FERRER. — Le *hangar à ferrer* est un lieu couvert, muni d'anneaux auxquels on attache les chevaux à ferrer.

TROIS ESPÈCES DE FORGE. — Il y a dans l'armée trois espèces de forge :

La *forge de garnison*, qui appartient au casernement;

La *forge de campagne sur roues*;

La *forge dite de montagne*, portative à dos de mulet.

AMÉNAGEMENT D'UNE FORGE DE GARNISON. — Chaque forge de garnison comprend :

1° Le *foyer*, où l'on fait chauffer le fer. Il peut être simple ou double;

2° L'*auge en pierre*, qui contient l'eau nécessaire aux besoins de la forge;

5.

3° La *fosse*, trou pratiqué sous la forge, pour recevoir le charbon;

4° Le *soufflet*, appareil destiné à activer la combustion du charbon. Il est simple ou double;

5° Deux *tisonniers*, l'un droit, l'autre crochu, pour attiser le feu et retirer le mâchefer;

6° L'*écouvette*, long balai pour asperger d'eau le charbon dans l'âtre;

7° Les *tenailles à mettre au feu*, servant à tenir le lopin;

8° Deux *tenailles à main*, l'une *goulue* pour faire le lopin et forger la première branche; l'autre *juste*, pour forger la seconde branche et ajuster le fer;

9° L'*enclume*, sur laquelle on forge;

10° La *bigorne*, sur laquelle on ajuste;

11° Deux *ferretiers*, l'un pour forger; l'autre, plus petit, pour ajuster;

12° Deux *marteaux*, l'un pour frapper devant, et l'autre, plus petit, pour faire les lopins et refouler les éponges;

13° Une *étampe*, pour étamper les fers;

14° Deux *tranches*, d'une à chaud, l'autre à froid, pour couper le fer;

15° Le *poinçon*, pour contre-percer le fer;

16° Le *billot*, sur lequel on contre-perce;

17° L'*établi*, destiné à desservir la forge;

18° L'*étau*, pour limer et façonner les fers;

19° L'*affiloir*, sur lequel on affile les clous;

20° Le *seau*, pour refroidir les fers;

21° Le *casier*, étagère en bois à nombreux compartiments, où sont placés les fers de réserve, numérotés et poinçonnés, pour chaque cheval.

FORGE DE CAMPAGNE. — En exécution de la décision ministérielle du 14 septembre 1871, chaque régiment de cavalerie est pourvu d'une forge de campagne et des harnais destinés à son attelage.

Cette forge, montée sur roues, sert en campagne et dans les camps.

Elle comprend:

Un *coffret de devant*;

Un *coffret de derrière*;

Un *seau*;

Une *pelle à feu*;

Un *tisonnier*;

Un *tisonnier crochu*;

Une *bigorne*.

Jamais ce matériel ne doit servir en temps de paix.

Il suit la portion centrale du régiment

dans les marches, les changements de garnison et en temps de guerre.

FORGE DE MONTAGNE. — La forge de montagne est une forge portative à dos de mulet, consistant en deux caisses de transport qui renferment le soufflet et les ustensiles.

§ II. — MATIÈRES PREMIÈRES.

Les matières premières utilisées à la forge sont : le fer, le charbon, les clous.

FER. — On emploie en maréchalerie :

Les déferres et la ferraille pour former le lopin bourru ;

Le fer neuf, dit *fer en barres.*

Un lopin bien fait est d'égale épaisseur partout ; s'il est fait avec des déferres, les clampures sont extérieures, afin que les quartiers s'appliquent bien sur le vieux fer.

Le bon fer ou fer doux présente dans sa cassure des lames aplaties, fibreuses, mêlées de petits grains de couleur bleuâtre.

Le bon fer, frappé à faux sur une enclume, plie et ne casse pas.

Le fer *cassant à froid* ou *à chaud* est mauvais ; il ne doit pas être employé en maréchalerie.

CHARBON. — On emploie en maréchalerie deux sortes de charbon :

1° La houille ou charbon de terre ;

2° Le charbon de bois.

Le charbon de terre de bonne qualité est friable, éclatant dans sa cassure, et d'un beau noir velouté.

Il flambe en brûlant et forme une croûte compacte : il donne peu de résidu et développe beaucoup de chaleur.

Le charbon de bois est utilisé pour chauffer les marques et les cautères.

CLOUS. — Les clous servent à fixer le fer sous le pied du cheval.

Les clous se font à la main et à la mécanique. Les clous à la main sont les meilleurs.

Dans l'armée, le maréchal emploie :

Le *clou ordinaire*, à tête pyramidale ;

Le *clou à glace*, à tête carrée ou tranchante ;

Le *clou Charlier*, à tête ovalaire ;

Le *clou anglais*, à tête aplatie en forme de coin.

Les dimensions des clous correspondent à des numéros qui indiquent leur nombre à la livre.

Dans chaque clou il faut examiner la *tête*, le *collet*, la *lame* ou *tige*.

Avant d'employer les clous, le maréchal leur donne l'*affilure*.

§ III. — INSTRUMENTS DE FERRURE.

Les instruments de ferrure servent à appliquer le fer sous le pied du cheval.

Ces instruments sont :

1° Le *brochoir* (a) (fig. 53), destiné à frapper sur le rogne-pied et à enfoncer les clous dans la corne ;

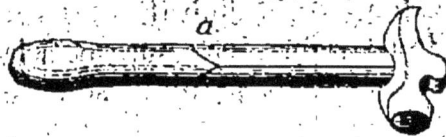

Fig. 53.

2° Le *bouloir* (b), instrument tranchant, servant à parer le pied ;

Fig. 53.

3° Le *rogne-pied* (c), qui sert à dériver les clous et à rogner l'excédant de la corne;

Fig. 53.

4° Les *tricoises* (d), qui servent à soulever le fer, à arracher les souches, à couper et à river les clous;

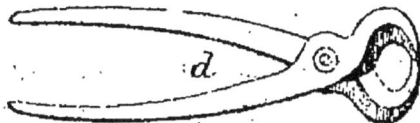

Fig. 53.

5° La *râpe* (e), sorte de lime à gros grains, pour arrondir le bord inférieur du sabot;

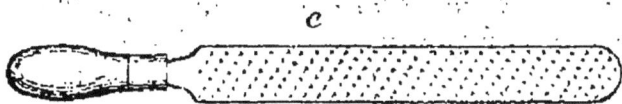

Fig. 53.

6° Le *repoussoir* (f), poinçon pour élargir la contre-perçure, faire sortir les vieilles souches restées dans la corne;

Fig. 53.

7° Le *tablier de forge*, pour garantir le maréchal ;

8° La *boîte à ferrer*, servant à contenir les instruments de ferrure et les clous ;

9° Les *sacoches*, pour routes et manœuvres.

CHAPITRE II.

Fer à cheval.

§ 1er. — DESCRIPTION DU FER.

DÉFINITION. — Le fer est une lame métallique destinée à protéger le pied du cheval.

FORME DU FER. — Le fer à cheval est contourné sur lui-même, sa forme est celle du bord inférieur du sabot.

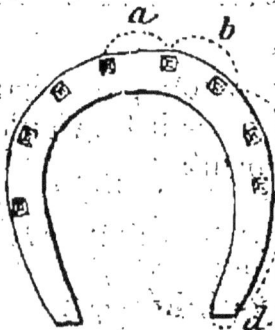

Fig. 54.

DIVISION DU FER. — Le fer à cheval (fig. 54) se divise en plusieurs régions.

La *pince* (a), partie antérieure du fer, qui correspond à la pince de la paroi ;

Les *mamelles* (b) du dedans et du dehors, situées de chaque côté de la pince;

Les *branches* (c) du dedans et du dehors, qui s'étendent des mamelles à l'extrémité du fer, et correspondent aux quartiers;

Les *éponges* (d), extrémités des branches correspondant aux talons.

DESCRIPTION. — Le fer à cheval présente à considérer:

La *face supérieure* (fig. 55), en contact avec le sabot;

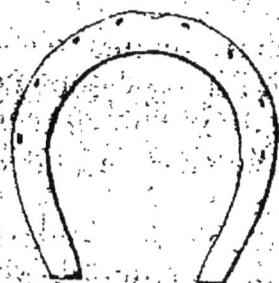

Fig. 55.

La *face inférieure* (fig. 54), qui frotte sur le sol;

La *rive externe*, ou contour extérieur;

La *rive interne*, ou contour intérieur, dont la partie centrale s'appelle la voûte;

L'*épaisseur*, comprise entre les deux faces;

La *couverture*, largeur du fer comprise entre les deux rives : le fer est dit *dégagé* ou *couvert*, suivant qu'il est étroit ou large;

La *tournure*, forme donnée au fer pour lui faire prendre le contour du pied;

L'*ajusture*, incurvation régulière et calculée de la face supérieure du fer.

L'ajusture est dite :

Bonne : l'incurvation, suffisamment accusée en pince, diminue progressivement en arrière, elle disparaît vers le milieu des branches pour laisser à plat les extrémités du fer;

Trop faible : elle est insuffisante;

Trop forte : elle est exagérée;

Entôlée : les deux branches, fortement ajustées, sont éloignées du sol par leur rive externe;

En bateau : les branches, au lieu d'être droites de la mamelle à l'éponge, sont incurvées de telle manière que la pince et les mamelles d'une part, les éponges de l'autre, ne portent pas sur le sol;

De mulet : la pince est relevée de court, et le fer porte à plat des mamelles aux éponges;

A éponges renversées : les éponges, au lieu d'être droites, sont contournées en dessous;

Mauvaise : quand elle est irrégulière; les ajustures trop faibles, trop fortes, entôlées, en bateau, de mulet, à éponges renversées, sont mauvaises;

La *garniture*, partie du fer débordant la paroi et élargissant la surface d'appui;

Les *étampures*, trous carrés au nombre

de 6, 7 ou 8, creusés à la face inférieure du fer et destinés à loger les clous.

Le fer est dit :

Étampé à gras, quand les étampures sont éloignées de la rive externe;

Étampé à maigre, dans le cas contraire.

Les *contre-perçures*, petites ouvertures pratiquées au fond des étampures et livrant passage à la lame des clous;

Les *crampons*, replis du fer levés en éponges. Les crampons élèvent les talons et empêchent le cheval de glisser;

La *mouche*, petit crampon de forme carrée, levé à l'éponge du dedans;

Le *pinçon*, petite languette de fer levée en pince et quelquefois en mamelle. Le pinçon donne de la fixité au fer. D'où ce dicton en maréchalerie: *Un pinçon vaut deux clous.*

FERS À CHEVAL. — Il y a des fers à cheval de devant et des fers de derrière;

Un fer droit de devant et un fer gauche de devant;

Un fer droit de derrière et un fer gauche de derrière.

Tous ces fers ont une forme différente comme les pieds sur lesquels ils s'appliquent.

Fer de devant. — Le fer de devant, comme le pied de devant, a une forme assez régulièrement arrondie; il porte six, sept ou huit étampures, rapprochées en pince, également espacées les unes des autres; quand ce fer est bien étampé, une ligne réunissant les deux dernières étampures entre elles le coupe en deux parties égales.

On lève rarement des crampons au fer de devant.

Fer de derrière. — Le fer de derrière (fig. 56), comme le pied de derrière, a une forme ovale; il ne porte pas d'étampures en pince; les deux dernières sont bien plus rapprochées des talons que celles du fer du devant.

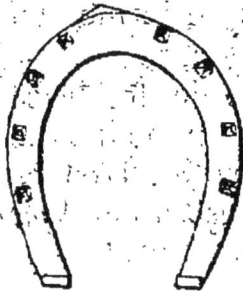

C'est au fer de derrière qu'on lève ordinairement des crampons.

Fig. 56.

Fers droit et gauche. — Le fer droit se distingue facilement du fer gauche : la branche de dedans du fer à cheval est sensiblement plus droite et étampée plus à maigre que la branche du dehors.

Fabrication des fers. — Les fers sont forgés à la main ou à la mécanique.

L'usage des fers à la mécanique commence à se répandre.

§ II. — Fer réglementaire de l'armée.

Fer réglementaire. — Dans l'armée, la ferrure ordinaire est réglementée par la décision ministérielle du 27 avril 1870.

Couverture. — Dans chaque armé, la couverture du fer réglementaire est la même de la pince aux éponges, pour le fer du devant.

Le fer de derrière est sensiblement plus couvert en pince qu'en éponges.

Les éponges doivent se terminer carrément.

Épaisseur. — L'épaisseur fixée par le règlement peut ne pas être atteinte, mais dans aucun cas elle ne doit être dépassée.

Étampures. — Les étampures sont au nombre de 6 pour les chevaux de cavalerie légère, de 7 pour la cavalerie de ligne, de 8 pour les autres armes.

Modèles-types. — Chaque corps de troupes à cheval et établissement possèdent les modèles-types de fers réglementaires pour leurs chevaux.

CALIBRES — Ils ont en outre des calibres (fig. 57) pour juger les dimensions des fers

Fig. 57.

confectionnés par les maréchaux ferrants.

§ III — FERS EXCEPTIONNELS

FERS EXCEPTIONNELS. — Les fers exceptionnels sont pour les pieds défectueux, les vices d'aplomb, les irrégularités de la marche, le traitement des accidents de ferrure et des maladies du pied.

Les fers exceptionnels les plus usuellement employés sont :

FER DEMI-COUVERT (fig. 58). — Plus cou-

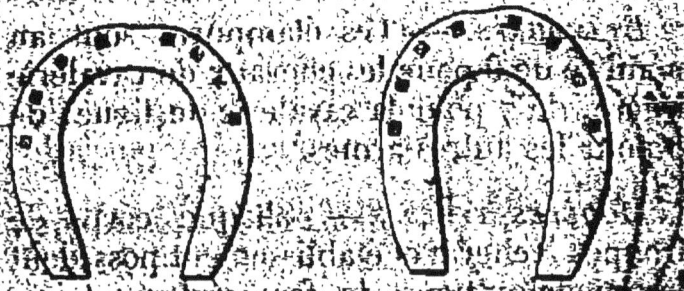

Fig. 58.   Fig. 59.

vert, moins épais que le fer réglementaire : pour tous les pieds dont les talons légèrement rentrés ont besoin d'une bonne garniture.

FER COUVERT (voir fig. 59, p. 80). — Plus couvert, moins épais que le fer demi-couvert : pour les pieds plats, combles, à sole mince ou sensible, à talons bas et faibles.

FER À PINCE COUVERTE (fig. 60). — Pour

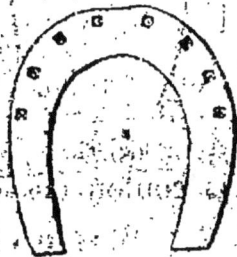 

Fig. 60.   Fig. 61.

le pied fourbu, brûlé, saigné en pince, etc.

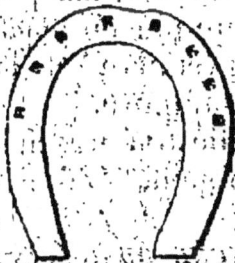

FER PINÇARD (fig. 61). — Pince très-couverte et épaisse, pinçon large et haut, étampures en branches, crampons élevés : pour les pieds pinçards.

FER À UNE BRANCHE COUVERTE (fig. 62). — Pour le pied à quartier faible, rentré, dérobé, etc.

FER À UNE ÉPONGE COUVERTE. — Pour le talon contourné qui a besoin de beaucoup de garniture, ou pour le talon bleimeux d'un pied à fourchette maigre.

FER À DEUX ÉPONGES COUVERTES (fig. 63).

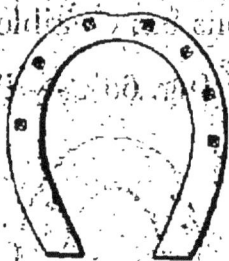 

Fig. 63.   Fig. 64.

— Pour le pied à talons contournés et à fourchette maigre.

FER À PINCE TRONQUÉE (fig. 64). — La

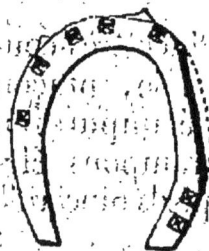

pince est coupée carrément et disposée en biseau de dessus en dessous; chaque mamelle a un pinçon placé entre la première et la deuxième étampure.

Ce fer est destiné aux chevaux qui forgent.

Fig. 65.

FER TRONQUÉ À LA BRANCHE DU DEDANS (fig. 65). — La branche est tronquée en

... en dessous et privé d'étampures. Le ... éponge porte deux étampures très rappro...

Le fer tronqué à la branche du dedans ... pour le cheval qui se fiche, se coupe, ... serraille, sur la mamelle ou le talon ...

FER TRONQUÉ ET PRIVÉ D'ÉTAMPURES A LA BRANCHE DU DEDANS (fig. 66 et 67). —

... arrondie en ligne droite de la ... étampure jusqu'à 5 ou 6 cent... ... l'éponge qui a toujours un con...

87

de 2 centimètres environ, disposée en biseau de dessus en dessous.

Il est employé pour le cheval qui se couche en vache.

Fig. 68.

Fig. 69.

FER À CROISSANT (fig. 69). — Demi-fer peu épais, à quatre ou cinq étampures, dont les extrémités sont disposées en biseau de dessus en dessous, et incrustées dans le pied.

Le fer à à croissant s'applique aux pieds encastelés, à talons également serrés, hauts et forts.

Fig. 70.

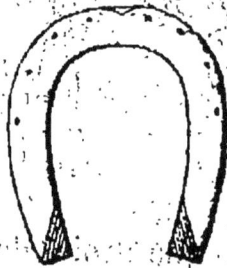

Fig. 70 bis.

FER À PANTOUFLE MODIFIÉ (fig. 70 et 70 bis). — Les éponges couvertes de ce fer sont repliées de dessous en dessus par leur angle interne et dans toute leur largeur, de manière à former deux plans inclinés, larges et très-obliques, sur lesquels posent les talons.

Le fer à éponges plus ou moins obliques et plus ou moins couvertes, selon les indications, est destiné aux pieds encastelés, à talons serrés égaux ou inégaux.

FER À CARACTÈRE (fig. 71). — Légèrement couvert, peu épais, portant deux ou trois pinçons et des étampures irrégulièrement distribuées.

Ce fer est destiné aux pieds dérobés.

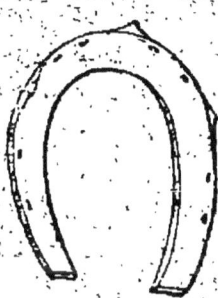 

Fig. 71.   Fig. 72.

FER À PLAQUE (fig. 72). — Fer ordinaire pourvu d'une plaque en cuir, tôle ou cuivre, rivée en pince, dont les bords amincis laissent libres les contre-perçures.

Il est employé pour les chevaux qui marchent dans un pays semé de cailloux,

de chicots ou tacots, pour les blessures de
la sole et de la fourchette.

FER À GLACE. — Fer ordinaire à crampons, remplacés quand ils sont usés par
des clous à glace.

FER À PLANCHE ORDINAIRE (fig. 73). — Fer
plus couvert et plus mince que le fer ordinaire, à éponges réunies par une traverse
plus large que les branches, et droite d'une
éponge à l'autre; sa rive interne décrit un
ovale régulier.

Le fer à planche est employé pour les
talons bas, faibles, sensibles, bleimeux.

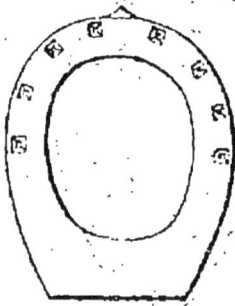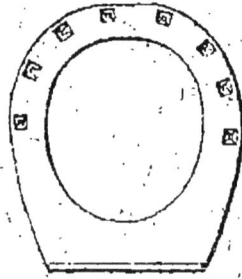

Fig. 73.   Fig. 74.

FER À PLANCHE À CRAMPON LONGITUDINAL
(fig. 74). — La planche est repliée à son
bord postérieur, de manière à former un
crampon longitudinal assez épais, d'une
hauteur de 5 millimètres environ.

Il est employé dans les mêmes circonstances que le précédent et principalement pour rétablir l'aplomb des pieds à talons très-sensibles et très-bas.

Fer Charlier. — Pour les pieds plats à talons bas et serrés. (Voir *Description.*)

CHAPITRE III.

Ferrure.

—

§ Ier. — Moyens d'aborder, de toucher et d'attacher le cheval; de lever et de tenir les pieds.

Caractère du cheval. — Le cheval est en général d'un caractère très-doux, d'un abord facile et sûr.

Cependant il est un certain nombre de chevaux peureux, effrayés, qui se méfient de l'homme et se tiennent sur la défensive.

Il en est aussi que la maladresse et la brutalité de l'homme ont rendus méchants et dangereux.

Moyens d'attaque. — Le cheval a de terribles moyens de défense et d'attaque.

Il mord, et sa morsure est grave.

Il frappe dangereusement des pieds de devant.

Il rue, et ses coups de pied broient les chairs et brisent les os.

Le cheval entier est assez enclin à mordre; la jument est-parfois disposée à ruer.

De là ce dicton : *Méfiez-vous du devant du cheval entier et du derrière de la jument.*

PHYSIONOMIE DU CHEVAL MÉCHANT. — Le cheval animé de mauvaises intentions prévient l'homme.

S'il se dispose à mordre, à frapper du devant, à ruer, ses oreilles se couchent, ses yeux prennent une expression mena-çante et sournoise, ses joues se rident, ses lèvres se plissent, sa tête s'allonge vers l'homme.

S'il piétine sur place, tourne une oreille et le train de derrière du côté de l'homme, c'est un coup de pied qui se prépare.

Le cheval et surtout la jument qui fouaillent de la queue ruent souvent.

MANIÈRE D'ABORDER LE CHEVAL. — Pour éviter les défenses et les accidents, en abordant le cheval, il faut :

Regarder la tête du cheval, étudier sa physionomie;

Se tenir en garde si ses intentions semblent suspectes;

L'aborder toujours du côté montoir, excepté dans les cas d'absolue nécessité;

Marcher droit à l'épaule, sans précipitation ni gestes, les bras tombant naturellement;

Avertir le cheval de la voix;

Le placer contre un mur, s'il cherche à se dérober; dans un coin, s'il recule;

Avant d'entrer dans une stalle ou au moment d'en sortir, faire ranger les hanches du cheval, à la voix et en levant la main.

Il ne faut pas:

L'aborder du côté hors montoir;

L'approcher en étendant les bras;

Le toucher sans l'avertir.

TOUCHER LE CHEVAL. — Le cheval doit être touché avec précaution et de la manière suivante:

Lever la main pour toucher le cheval quand on est tout près de lui;

Le toucher au garrot du côté montoir, où il a l'habitude de se laisser aborder;

Le caresser, dans les sens du poil, par des pressions successives, douces et prolongées, procédant du garrot et se rapprochant peu à peu de la région qu'on veut atteindre;

Recommencer imperturbablement cette espèce de massage, à partir du garrot, si une défense vient en interrompre le cours.

ATTACHER LE CHEVAL. — Le cheval à ferrer est conduit à la forge avec le bridon. Il est attaché à un anneau par un nœud coulant facile à défaire; ou mieux, l'extrémité des rênes est passée dans l'anneau, puis dans la sous-gorge.

Il est dangereux d'attacher un cheval en lui passant la longe dans la bouche ou sur le chanfrein.

Quand un cheval *tire au renard*, c'est-à-dire quand il s'accule, essaye de briser ses moyens d'attache, le maréchal le détache immédiatement, en même temps l'aide pousse vivement le cheval en avant, du geste et de la voix.

Tout cheval connu pour tirer au renard doit avoir le *licol de force* ou être tenu en main.

Le licol de force est fait en grosse corde très-solide.

LEVER, TENIR ET POSER LE PIED DE DEVANT. — Pour lever le pied gauche de devant,

l'aide se place en face l'épaule en regardant
le cheval ; il pose la main droite au garrot
et la main gauche exécute un massage le
long du membre. Arrivé au paturon il le
tire à lui en exerçant une poussée contre
l'épaule, de manière à rejeter le poids du
corps sur le membre opposé.

Une fois le pied levé, l'aide vient, par un
demi-tour à droite, prendre la place qu'il
doit occuper.

Il appuie le genou du cheval sur sa cuisse
gauche, porte la jambe droite en arrière,
puis réunit ses deux mains dans le pli du
paturon.

Si le cheval s'effraye, l'aide, quittant sa
position, lui donne de la confiance par des
caresses de la voix et de la main.

L'aide *ne doit pas s'appuyer* sur le cheval
ni le faire souffrir en serrant trop le paturon, en élevant le pied outre mesure ou
en le portant trop en dehors.

L'opération terminée, l'aide reconduit
doucement le pied jusqu'à terre.

*LEVER, TENIR ET POSER LE PIED DE DER-
RIÈRE.* — Pour lever le pied gauche de derrière, l'aide se place en face de l'épaule du
même côté, pose ses deux mains sur le dos,
les glisse lentement vers la croupe en flat-

tant et parlant; si le cheval reste tranquille,
l'aide lui appuie la main gauche sur la
hanche, la main droite glisse peu à peu le
long du membre, en dehors et en arrière
jusqu'au paturon, ensuite il pousse doucement le cheval de la main gauche, pour
rejeter l'appui sur le côté opposé; en même
temps, avec la main placée au paturon, il
avertit l'animal par une légère pression,
qu'il veut lever le pied.

Lorsque le pied est soulevé, l'aide se
tourne peu à peu à droite, touche légèrement avec sa cuisse gauche la jambe du
cheval; si celui-ci ne se défend pas, l'aide
appuie tout à fait la sienne; il retire alors
la main appuyée à la hanche pour la porter
au paturon, en entourant le jarret avec le
bras.

Si le cheval s'effraye, l'aide quitte sa position, fait face à la hanche en y appuyant
une main, et donne de la confiance en ca-
ressant de la voix et de la main restée libre.

Il faut encore, comme pour le pied de
devant, éviter de s'appuyer contre le cheval,
de serrer trop le paturon, d'élever outre
mesure le pied, de le porter trop en dehors.

L'opération terminée, l'aide tourne à
gauche sur le pied droit, pose la main
gauche sur la hanche du cheval, retire la

jambe gauche, qu'il rapproche de la droite, et pose doucement le pied à terre.

Ferrage des chevaux difficiles.

FERRAGE DES CHEVAUX DIFFICILES. — Pour ferrer les chevaux difficiles, beaucoup de maréchaux ne connaissent que la brutalité, la violence.

Ils rendent les chevaux tout à fait méchants, se préparent pour l'avenir des difficultés de plus en plus grandes, des dangers de plus en plus sérieux.

C'est ainsi qu'on voit des chevaux doux pour tout le monde, les maréchaux exceptés. A l'approche de la forge, à la vue du tablier de l'ouvrier, ils manifestent crainte et colère.

RÔLE DU MARÉCHAL. — Le maréchal doit étudier le caractère du cheval, être toujours doux et patient, ne jamais employer la force.

MOYENS À EMPLOYER. — Si la patience et la douceur échouent, le maréchal doit savoir et se rappeler à propos :

1º. Que pour calmer un cheval, souvent il suffit de le placer contre un mur, de le faire tenir en main, la tête haute, par un homme qui caresse les yeux et le chanfrein, ou joue avec le mors du bridon;

2° Que certains chevaux demandent à ne pas être attachés; laissés libres, les rênes sur le cou, ils se tiennent tranquilles;

3° Que bon nombre de chevaux ne bougent plus quand les yeux sont couverts à l'aide de lunettes ou d'une couverture;

4° Qu'il est des chevaux voulant être ferrés en compagnie d'un camarade d'écurie;

5° Que l'été les chevaux doivent être ferrés le matin ou le soir, pour éviter les mouches;

6° Enfin, que certains chevaux, intraitables à la forge, sont parfois très-dociles à l'écurie.

Si le maréchal a essayé inutilement tous ces moyens, il lui reste encore deux procédés à employer :

1° *Le dressage du cheval au ferrage;*

2° *Les moyens de contrainte.*

1° DRESSAGE DU CHEVAL AU FERRAGE. — Étant donné un cheval à ferrer qui mord, frappe du devant ou rue;

Trois hommes sont nécessaires : le maître maréchal, deux aides.

Le cheval est conduit, en caveçon, contre un mur, s'il se dérobe, dans un coin, s'il recule.

Si le cheval frappe du devant et mord, un long bâton est attaché à l'anneau du caveçon et tenu vigoureusement par l'aide, qui maintient ainsi le cheval, sans aucun danger pour lui et pour le maître maréchal.

Si le cheval ne fait que ruer, l'aide est inutile.

RÔLE DU MAÎTRE MARÉCHAL. — Le maître maréchal dresse le cheval. Il se tient à la tête, un peu par côté, la longe du caveçon dans une main, à 30 centimètres de l'anneau.

De l'autre main, avec un long manche de chambrière, il exerce sur le corps du cheval des attouchements sous forme de pressions successives, légères et prolongées.

Ce massage commence à l'encolure et se continue sur le corps, sur les membres et sur les deux côtés du cheval.

Pendant cette opération le maître maréchal parle au cheval; sa voix est caressante, impérative ou menaçante, suivant qu'il

s'agit de prévenir, de réprimer ou de punir.

Il fixe sans cesse les yeux sur la région
soumise aux attouchements, et arrête net
tout mouvement d'impatience ou de révolte
par une saccade très-légère du caveçon.

Il faut avertir et non punir.

Un coup violent compromet tout en faisant perdre la tête au cheval.

Le cheval est ainsi placé dans l'impossibilité de nuire et de se dérober aux attouchements ; il est intimidé par la gaule, il
comprend rapidement que son indocilité
seule lui attire les avertissements du caveçon, et... il se tient tranquille.

Alors le maître maréchal se débarrasse
de la chambrière, conserve seulement la
longe du caveçon, et, de la main restée
libre, caresse l'animal sur les yeux.

RÔLE DU TENEUR DE PIEDS. — Le teneur
de pieds est appelé.

Il exerce un massage à la main, dans le
sens du poil, en commençant au garrot et
descendant le long du membre de devant.

A chaque mouvement d'impatience, ré-
primé par le maître maréchal, d'un éclat de
voix et d'une légère saccade du caveçon, le
teneur de pieds recommence imperturba-

blement les attouchements, et toujours à partir du garrot.

Pour le pied de derrière, l'aide doit appuyer une main à la hanche, et caresser de l'autre, en descendant jusqu'au pied, qu'il essaye de lever.

Si l'animal retire brusquement son pied, l'aide recommence le massage et fait une nouvelle tentative.

En cas de franche réussite, sans ombre de résistance, le pied levé est doucement balancé sous le cheval, dans le sens des articulations.

Il ne faut pas employer de force, ne pas engager de lutte : le massage et la patience triomphent de toutes les résistances.

Rôle du ferreur. — Quand le cheval se laisse docilement lever les pieds, le ferreur est appelé et simule l'opération du ferrage, puis enfin ferre le cheval.

Durée du dressage. — Ordinairement en quatre ou cinq séances de trois quarts d'heure le cheval le plus rebelle peut être dompté et à tout jamais dressé au ferrage.

Seules les juments pisseuses résistent à ce procédé.

MARÉCHALERIE

7

2° *MOYENS DE CONTRAINTE.* — Un cheval est à la forge; il résiste; les moyens ordinaires échouent; le temps presse; divers moyens de contrainte sont employés :

1° UN FORT TENEUR DE PIEDS. — Mettre un caveçon; requérir un aide très-vigoureux; chercher à triompher du cheval par le regard, de légères corrections du caveçon, les sévérités de la voix, les gestes menaçants de la main et surtout par la force du teneur de pieds.

Si le teneur de pieds tient un pied de devant et que le cheval se défende, il doit d'abord résister, puis quitter vivement sa position; saisir d'une main le pied par la pince et prendre la crinière de l'autre main, ne pas lâcher et se remettre en position, quand les défenses cessent.

Si le teneur de pieds tient un pied de derrière et que le cheval se défende, il doit résister d'abord, puis se jeter vivement de côté; renverser d'une main la pince sur le paturon, et de l'autre saisir la queue en serrant le bras contre le jarret du cheval; ne pas lâcher et se remettre en position quand les défenses cessent.

2° PLATE-LONGE. — Attacher une plate-longe ou simplement une corde à la queue du cheval; la passer dans l'anneau d'un entravon fixé au paturon.

L'extrémité de la plate-longe est tenue à distance par un aide.

Quand le cheval se défend, le teneur de pieds se dégage vivement et s'appuie à la hanche pendant que l'aide tend la plate-longe. Le cheval s'épuise ainsi en défenses et coups de pied sans danger pour personne.

3° PLACER LE TORD-NEZ. — Le tord-nez est un bâton muni à son extrémité d'une anse de corde, avec laquelle le nez du cheval est plus ou moins énergiquement serré.

Le tord-nez a souvent raison des résistances ; parfois aussi il exaspère le cheval et le rend méchant.

Un maréchal qui connaît son métier ne doit jamais se servir d'un pareil instrument de torture.

Le tord-nez devrait être exclusivement réservé pour la pratique des opérations chirurgicales et le pansement des plaies.

4° METTRE LE CHEVAL EN CERCLE. — C'est faire rapidement tourner le cheval sur lui-même pour l'étourdir et le rendre calme ; ce moyen offre du danger, car il peut déterminer des chutes graves.

7.

5° *Serrer les oreilles.* — Deux hommes vigoureux se placent de chaque côté de la tête, saisissent d'une main un montant du bridon et de l'autre, étreignent l'oreille à sa base.

Le cheval abruti reste souvent tranquille; il convient alors de diminuer l'emploi de la force.

6° *Travail et abatage.* — Enfin le cheval vicieux peut-être enfermé dans une machine en bois appelée *travail* ou être *abattu*, c'est-à-dire garotté des quatre membres et couché sur un lit de paille.

Inconvénients de ces moyens. — Tous ces moyens sont exceptionnels. Par leur emploi, un cheval peureux, impatient, irritable, devient trop souvent dangereux et inabordable.

On ne saurait trop le répéter : *Le meilleur moyen de contention est la douceur.*

§ II. — Renouvellement de la ferrure.

Renouvellement de la ferrure. — Le renouvellement de la ferrure est exigé par l'excès de longueur du pied et surtout par l'usure du fer.

Dans l'armée, la durée de la ferrure a été fixée à trente jours.

DEVOIR DU MARÉCHAL. — Le cheval qui a besoin d'être ferré est conduit à la forge. Le maréchal qui ferre un cheval pour la première fois doit étudier :

1° Les aplombs de pied ferme ;
2° Les aplombs en marche ;
3° La nature et l'état du pied ;
4° La longueur du pied ;
5° L'usure du fer.

1° APLOMBS DE PIED FERME. — L'étude des aplombs de pied ferme indique au maréchal si le cheval a de bons aplombs ; ou bien si, le membre étant vu de profil, le cheval est : sous lui du devant ou du derrière, campé du devant ou du derrière, pinçard du derrière ; ou encore si, le membre étant vu de face et par derrière, le cheval est : trop ouvert, trop serré, panard de la jambe ou du pied, cagneux de la jambe ou du pied.

2° APLOMBS EN MARCHE. — L'étude des aplombs en marche indique au maréchal si le cheval marche en ligne ; s'il est panard ou cagneux en marche ; s'il se croise, se coupe, forge ; s'il est exposé à s'atteindre, à se déferrer, à butter.

Le maréchal doit tenir compte de l'état des aplombs de pied ferme et en marche, dans la forme à donner au fer et dans la manière de parer le pied.

3° *NATURE ET ÉTAT DU PIED.* — L'examen du pied indique au maréchal si le cheval a un bon pied, ou si sa conformation le range parmi ceux qui ont été appelés : pieds trop grands, trop petits, inégaux, plats, combles, longs en pince, encastelés, à quartier resserré, à talons chevauchés, ordinaires à talons serrés, plats à talons serrés, à talons serrés par en bas, à talons serrés par en haut, de travers, panards, cagneux, pinçards, rampins, à talons bas, hauts, fuyants, etc.

4° *LONGUEUR DU PIED.* — Le maréchal juge la longueur du pied au poser et au lever.

Au poser, l'excès de longueur du pied doit sauter à l'œil du praticien.

Quand le pied est très long, il déborde le fer; le fer est entraîné en avant par la pousse du sabot, et le cheval marche sur la fourchette.

Au lever, plus le fer est éloigné de la sole de pince, plus il y a de corne à enlever.

5° *USURE DU VIEUX FER.* — L'usure des vieux fers donne des indications

Quand l'usure est régulière, l'aplomb du pied est parfait.

Un maréchal dont les déferrés sont en grande majorité usées régulièrement pare certainement les pieds d'aplomb.

Le cheval de trait qui travaille au pas use surtout en pince et à la mamelle du dehors.

Le cheval de selle bien d'aplomb, monté à toutes les allures, nivelle régulièrement son fer, tout en usant davantage en pince.

Si l'usure est plus forte sur une branche que sur d'autre, l'aplomb est mauvais, l'appui irrégulier.

Le cheval panard use en mamelle du dedans; le cheval cagneux en mamelle du dehors, le pinçard en pince seulement, etc.

S. III. — DÉFERRER LE PIED.

Tous ces renseignements étant pris ou déjà connus, le maréchal déferre le pied.

DÉFERRER LE PIED. — Pour déferrer, il faut:

Avec le brochoir et le rogne-pied faire sauter *complètement* les rivets, pour éviter les souches; introduire ensuite sous la branche interne du fer, puis sous l'externe, un des mors des tricoises, en le posant bien d'aplomb sur les arcs-boutants et sur la sole, qui servent de points d'appui;

Soulever alors avec beaucoup de mesure les premiers clous par un renversement des tricoises en dedans;

Frapper sur le fer pour faire sortir de leurs étampures les clous soulevés;

Les enlever un à un et *les déposer dans la boîte à ferrer;*

Poser le mors des tricoises sous la voûte du fer, en faisant basculer l'instrument en arrière;

Se garder d'arracher brutalement le fer, pour ne pas faire éclater la paroi;

Enfin, chasser les clous avec le repoussoir, si le pied est faible, sensible, malade.

EXAMEN DU PIED DÉFERRÉ. — Le pied étant déferré, le maréchal le cure, l'examine de près, arrache les vieilles souches, voit si la corne est bonne, solide, intacte; si le pied est gras, maigre, à talons faibles, à paroi séparée de la sole, dérobé, etc.

DÉFERRER QUATRE PIEDS À LA FOIS. — Sous un hangar dont le sol est doux, il y a avantage à déferrer et parer les quatre pieds à la fois. On peut alors chauffer les quatre fers en une fois, les ajuster et les faire porter tous les quatre, puis enfin ferrer.

Le travail est fait plus lestement, le maréchal n'ayant pas besoin de changer continuellement de position.

DÉFERRER DEUX PIEDS. — Dans une cour ou un hangar pavé, il faut déferrer les deux pieds de devant d'abord, puis les deux de derrière : déferrer un pied de devant et un de derrière oblige l'ouvrier à avoir dans l'œil la forme différente de deux fers.

DÉFERRER UN PIED. — En campagne, le maréchal ne doit déferrer qu'un pied à la fois, et commencer à ferrer par les pieds de devant.

§ IV — PARER LE PIED AU DEGRÉ VOULU ET D'APLOMB.

PARER LE PIED. — Parer le pied, c'est le disposer à recevoir le fer, en le rapprochant de sa forme naturelle.

La corne doit être enlevée de manière à mettre le sabot dans son aplomb régulier.

USURE NATURELLE. — Le pied à l'état de nature est paré par l'usure.

Le maréchal doit, en parant le pied, imiter l'usure naturelle, respecter ce qu'elle épargne.

Elle arrondit et écourte fortement la pince et un peu moins les mamelles, intéresse la sole seulement à son pourtour antérieur, sans trop affaiblir sa soudure avec la paroi ; arrondit davantage en dehors qu'en dedans le bord tranchant de cette dernière ; n'enlève de la sole, de la fourchette et des barres que ce qui se détache naturellement.

Le pied qui a usé naturellement est ajusté dans le sens de la marche, et porte à plat des mamelles aux talons.

INFLUENCE DU MARÉCHAL SUR LE PIED. — D'une manière générale, le maréchal est maître de l'assiette du pied.

Il peut parer le pied à fond ou lui laisser trop de longueur, abattre ou conserver la pince ou les talons, le côté du dedans ou celui du dehors.

Parer le pied à fond, c'est le rendre sensible, douloureux et favoriser son resserrement.

Laisser le pied trop long, c'est jeter le poids du corps en arrière, sur les talons et les tendons.

Parer trop la pince, c'est jeter le poids du corps sur cette région et y ralentir la pousse de la corne.

Parer trop les talons, c'est les surcharger, les porter à se resserrer, les empêcher de pousser.

Enfin, parer le pied de travers, c'est rejeter le poids du corps sur le côté le plus bas, en amener le resserrement, le chevauchement, l'empêcher de pousser.

DEVOIR DU MARÉCHAL. — Le maréchal doit :

1° Parer le pied d'aplomb ;

2° Parer le pied au degré voulu.

1° Parer le pied d'aplomb.

PIED PARÉ PAR L'USURE NATURELLE. — Le pied vierge de ferrure, placé au bout d'un membre d'aplomb, est paré d'aplomb par l'usure.

Le poids du corps se répartit régulièrement sur tout le pourtour du sabot.

Tous les efforts du maréchal doivent tendre au même but.

Imiter l'usure naturelle dans l'action de parer le pied, voilà sa règle de conduite.

IMPORTANCE DE PARER LE PIED D'APLOMB. — L'importance de parer le pied d'aplomb est considérable.

Avec un pied d'aplomb, le support du poids du corps, au repos et en marche, est facile et assuré.

Au contraire, avec un pied de travers, à talons bas, etc., le poids du corps se jette sur les régions les plus basses et les écrase; le cheval souffre, fatigue; ses membres s'usent, ses pieds se déforment.

En marche, aux allures vives, le poids considérable qui, à chaque foulée, vient s'abattre sur le pied mal d'aplomb peut entraîner des accidents de toute nature : glissades, chutes, entorses articulaires, et forts de tendons, suros, etc.

JUGER L'APLOMB DU PIED. — L'aplomb du pied se juge au poser et au lever.

AU POSER. — Au poser, le maréchal s'assure de la hauteur respective de la pince et des talons, en se plaçant sur le côté du cheval, en face et à une certaine distance du membre.

Si le pied est d'aplomb, le maréchal constate que le talon a la moitié de la hauteur de la pince.

Un pied n'est pas d'aplomb quand il a la pince trop courte, trop longue, les talons trop bas, trop hauts.

AU LEVER. — Au lever, le maréchal peut juger avec la plus parfaite exactitude l'aplomb transversal du pied.

Tout membre vertical doit avoir une surface d'appui horizontale, coupant consé-

quemment à angle droit la direction du
membre.

Si le membre vertical est plié au genou,
si le pied est étendu sur le paturon dans
la position qu'il a lors du poser, les conditions de son aplomb transversal sont évi-
demment les mêmes.

*MANIÈRE D'OPÉRER POUR LE PIED DE DE-
VANT* (fig. 75). — Pour juger et établir l'a-

Fig. 75.

plomb transversal du pied de devant, il
faut :

Faire lever et soutenir le membre demi-
fléchi, par le canon ; le boulet, le paturon
et le sabot tombant naturellement ;

Se placer bien en face du pied, tout
contre le cheval, le corps incliné ;

Étendre le pied en l'entourant de ses
deux mains et en plaçant un pouce sur
chaque talon ;

Tirer le pied droit à soi, doucement et
légèrement, en le faisant basculer en arrière à l'aide des pouces ;

Placer la surface d'appui verticalement
au sol et regarder d'en haut, la tête pen-
chée.

Si la surface d'appui du pied coupe à
angle droit la direction du membre, l'a-
plomb est bon.

Au contraire, l'aplomb est défectueux
quand la surface d'appui est oblique par
rapport à cette direction ; alors il faut parer
le côté où le sabot est le plus élevé.

MANIÈRE D'OPÉRER POUR LE PIED DE
DERRIÈRE. — Pour juger et établir l'a-
plomb du pied de derrière, l'aide lève le
pied et place le canon sur sa cuisse, le paturon et le sabot tombant naturellement.

Le maréchal se place derrière et en face du pied, et opère comme pour le pied de devant.

Bien souvent, sur les pieds très déformés, à talons chevauchés, très-panards, très-cagneux, il n'est pas possible d'obtenir du premier coup l'aplomb régulier; mais en général on y arrive après plusieurs ferrures, par la seule action de parer, en mettant le pied aussi d'aplomb que possible à chaque ferrure.

2° Parer le pied au degré voulu.

PARER LE PIED AU DEGRÉ VOULU. — Trop parer le pied, c'est le rendre sensible.

Ne pas assez parer, c'est laisser trop de longueur au sabot.

Il faut donc parer juste au degré voulu.

THÉORIE. — A cet effet, le maréchal doit:

1° Parer à plat, de manière à enlever, en talons, toute la vieille corne incapable de supporter le fer;

2° Abattre la pince jusqu'à la soudure de la paroi avec la sole;

Autrement dit, il faut, en talons, arriver sur la bonne corne; en pince, s'arrêter court

des l'apparition... tracé du sillon
circulaire, blanc ou jaune, qui unit la paroi
roi avec la sole.

Quoique la pousse de la corne soit égale
à toutes les régions, le maréchal a généralement peu de corne à enlever en talons et
beaucoup en pince. C'est qu'il existe toujours du jeu entre le sabot et la partie du
fer privée d'étampures; dès lors les talons
s'usent en frottant contre les branches du
fer, particulièrement aux pieds antérieurs.

En raccourcissant la pince, le maréchal
attaque nécessairement la sole, mais seulement à son pourtour, comme le fait l'usure
naturelle. Partout ailleurs il doit respecter
la sole et n'enlever que les écailles qui tendent à se détacher naturellement.

3° Raccourcir le sabot en faisant sauter
carrément le sommet de la pince jusqu'à
3 millimètres du sillon circulaire, la distance de la pince aux talons étant moindre,
les boulets et les tendons sont soulagés
à l'œil, le pied paraît sensiblement plus
court;

4° Arrondir le bord externe de la paroi
pour l'empêcher de s'éclater.

Disposer ainsi la paroi, c'est d'ailleurs
imiter les effets de l'usure naturelle; c'est
5° Enlever l'excédant des barres...

6° Faire la toilette de la fourchette et se borner à lui restituer sa forme première; un léger nettoyage donne de l'air aux lacunes et évite les atteintes de la pourriture.

MANUEL OPÉRATOIRE. — Pour parer le pied une règle uniforme doit être adoptée :

1° Juger du premier coup d'œil la quantité de corne à retrancher.

Toute la paroi qui dépasse la sole est de trop; si rien ne dépasse, il y a peu de chose à faire;

2° Retrancher l'excédant de la paroi, en commençant par les talons.

A cet effet, le rogne-pied, *tenu parallèlement à la surface d'appui du pied,* entre en talon externe dans l'épaisseur de la corne; il est chassé à coups de brochoir et s'arrête au centre de la pince; il est alors retiré sans faire sauter la portion de corne retranchée.

La même opération recommence à partir du talon interne.

La corne excédante tombe donc d'une seule pièce, en laissant sur le même plan la paroi et la sole;

3° Recommencer à petits coups de rogne-pied, à partir du centre des quartiers, pour terminer le raccourcissement de la pince et du pourtour antérieur de la sole, et s'arrêter dès que le cordon circulaire apparaît nettement tracé;

4° Poser le tranchant du rogne-pied transversalement et d'aplomb sur le sommet de la pince, à 2 millimètres du cordon circulaire, et faire sauter ce sommet en deux coups de brochoir donnés l'un en levant la main qui tient le rogne-pied, l'autre en la baissant;

5° Retrancher avec le rogne-pied le bord tranchant de la paroi à partir du centre des quartiers, particulièrement en dehors, de manière à donner à la paroi une égale épaisseur à tout son pourtour, et à rendre la pince courte et ronde;

6° Ouvrir légèrement les lacunes latérales de la fourchette en arrière, en faire sauter la pointe avec le rogne-pied, si elle est dure;

7° Regarder si le pied est d'aplomb;

8° Prendre le boutoir, régulariser l'aplomb en mettant les deux talons sur la même ligne;

Niveler la surface d'appui du pied en promenant le boutoir à plat de la pince aux talons;

Nettoyer la fourchette, régulariser les

branches, mettre la pointe au centre de la
sole, ouvrir légèrement la lacune médiane,
enlever à fond toutes les parties décollées,
traiter la fourchette malade par la liqueur
de Villate ou de la suie délayée dans le vinaigre, en cas de plaies suppurantes; par
le goudron quand il n'y a pas de suppuration;

9° Arrondir légèrement le bord inférieur
de la paroi avec la râpe et en *râpant de
court*.

En résumé, le pied doit être entièrement
paré avec le rogne-pied, et finalement dressé
avec le boutoir.

Ces instruments sont maniés parallèlement à la surface d'appui. Le pied est ainsi
paré d'aplomb et l'on évite d'*entrer en quartier*, autrement dit, de creuser cette région.

Entrer en quartier est une faute qui met
l'ouvrier dans la nécessité d'abattre la pince
et les talons pour niveler le pied, c'est-à-
dire de *parer à fond*.

Le maréchal doit se tenir en garde contre
la facilité plus grande qu'il a d'enlever de
la corne en dedans du pied gauche et en
dehors du pied droit.

Voilà comment, dans la pratique raison-
née, le pied doit être paré.

8.

Le pied méthodiquement paré est ramené à sa forme naturelle et conserve toute sa force; la surface d'appui est horizontale; les mamelles sont arrondies; la sole a toute son épaisseur et les barres toute leur force; la fourchette est ramenée à sa forme, à son volume ordinaire.

Le cheval dont le pied est fort attaque franchement le pavé, et la perte d'un fer ne l'empêche pas de marcher.

S. V. — PRÉPARER LE FER.

Le fer forgé à la main ou fait à la mécanique doit subir une préparation avant d'être placé sous le pied.

Pour faire de la bonne ferrure, il faut des fers bien faits et de la grandeur du pied.

JUGER UN FER. — Pour juger un fer, il faut le voir :

1° Du côté des étampures, la pince à soi; c'est ainsi qu'il est posé sur le pied;

2° De champ, de l'un ou de l'autre côté;

3° Du côté des contre-perçures.

BON FER DU DEVANT. — Le bon fer de devant:

Vu du côté des étampures (fig. 76), a une bonne forme; il est arrondi, presque aussi large que long; les deux branches sont d'égale longueur, celle du dedans moins ronde.

Le bon fer de devant a la même couverture partout, les éponges un peu dégagées et carrément refoulées.

Fig. 76.

Les étampures sont en rapport avec le fer, comme nombre et comme grandeur; les deux étampures de pince sont sur la même ligne, à égale distance du bout de l'éponge et percées à maigre; les deux dernières coupent le fer en deux parties égales; les étampures du dehors sont progressivement plus à gras, à partir de la pince; les étampures du dedans sont à maigre, comme celles de la pince. Toutes les étampures sont également espacées, carrées, nettes, percées à fond et bien d'aplomb.

Fig. 77.

Vu de champ (fig. 77), *des deux côtés*, le bon fer de devant est bigorné d'aplomb et présente une égale épaisseur partout.

Vu en dessus (fig. 78), les contre-perçures

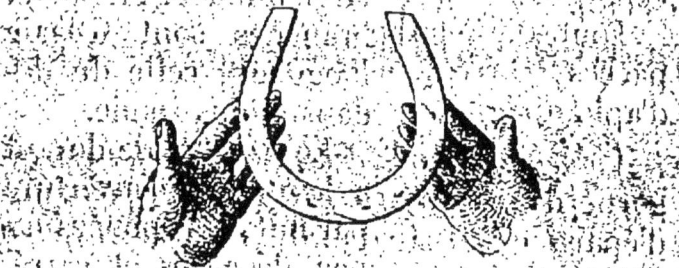

Fig. 78.

sortent bien; autrement dit, le fer est con-tre-percé à maigre en pince et à la branche du dedans, progressivement à gras à la branche du dehors.

Bon fer de derrière. — Le bon fer de derrière :

Vu du côté des étampures, la pince à soi, a une forme ovale; les branches d'égale lon-gueur; la branche du dedans plus droite; la pince sensiblement plus couverte que les branches; la branche du dedans plus dé-gagée que celle du dehors; les éponges car-rément refoulées; la pince privée d'étam-pures; les étampures des branches égale-ment à maigre à la branche du dedans, et progressivement plus à gras à la branche

du dehors, de la mamelle au talon; les deux
dernières étampures des branches à une
égale hauteur, et assez rapprochées de
l'éponge.

Toutes les étampures sont également espacées, carrées, nettes, profondes et bien
d'aplomb.

Vu de champ, des deux côtés, le fer est bigorné d'aplomb; il présente un peu plus
d'épaisseur (1 à 2 mill.) en pince qu'en
éponges.

Vu en dessus, les contre-perçures sortent
bien; autrement dit, le fer est contre-percé
à maigre à la branche du dedans, progressivement à gras à celle du dehors.

PRÉPARATION DU FER. — Tout fer de devant et de derrière subit une préparation
avant d'être fixé sous le pied.

A cet effet, il est mis au feu et apporté
sur l'enclume.

Le maréchal met les deux branches de
même longueur;

Donne rapidement et à peu près le tour
du pied;

Lève les crampons, s'il y a lieu, carrément et bien droits, leur donne une égale
hauteur et arrondit le crampon interne en
dehors.

Lève le pinçon, en se guidant sur les deux éponges, juste au milieu de la pince du fer de devant, *un peu en dedans de la pince du fer de derrière*; il donne au pinçon une forme pointue (le pinçon rond du bout est fort laid), et au pinçon de derrière plus de force qu'à celui du devant;

Déborde son fer, autrement dit, donne une battue légère sur la rive externe, côté des étampures;

Passe l'étampe dans les étampures, si besoin en est.

Le maréchal donne ensuite la tournure, la garniture, l'ajusture.

Tournure. — Donner la tournure, c'est donner au fer le contour exact du pied, sauf en arrière, où il doit progressivement déborder le pied, pour avoir la garniture nécessaire.

En bigornant les branches pour donner la tournure, le maréchal doit légèrement incliner la main du côté des étampures pour arrondir l'angle de la rive externe; il risque moins d'écraser les étampures quand le fer a été préalablement débordé.

Garniture. — La garniture est la partie du fer qui dépasse le contour du pied.

La garniture augmente progressivement,

de la mamelle externe au talon, pour le
dehors du pied ; du milieu du quartier interne au talon correspondant, pour le dedans.

Elle doit être égale et de 5 à 7 millimètres à chaque éponge, sur les bons pieds.

Sur les pieds resserrés, la garniture doit
être en raison directe du resserrement.

En règle générale, elle est suffisante
quand une verticale abaissée, en quartier
près du talon, du bourrelet au sol, tombe
sur la rive externe du fer.

A propos de la garniture, le maréchal
doit savoir qu'en donnant une garniture
inégale il jette du poids sur le côté le
moins favorisé, et détruit ainsi l'aplomb
du sabot.

Ajusture. — L'ajusture est une incurvation du fer formant une convexité du côté
du sol et une concavité du côté du pied.

Les fers ordinaires, pour les pieds bien
conformés, n'ont besoin d'ajusture qu'en
pince et en mamelles : la pince du fer n'est
relevée que de 4 millimètres; à partir de
la dernière étampure, les branches et les
mamelles sont complétement à plat.

Pour donner l'ajusture, le maréchal prend
le fer par l'éponge la plus rapprochée de lui;
lève les tenailles de manière à faire porter

la pince à faux sur l'enclume; relève la
pince de 4 millimètres environ, en trois ou
quatre coups de marteau; continue ses coups
sur la branche restée libre, en les donnant
bien à la suite l'un de l'autre; change aus-
sitôt d'éponge et ajuste l'autre branche.

L'incurvation, débutant par 4 millimètres, doit progressivement diminuer et être
nulle à la dernière étampure.

Si le maréchal est habile, chaque coup
de marteau porte; il ne frappe jamais deux
coups au même endroit.

Le maréchal retourne le fer en le tenant
par la pince, le pose à plat sur l'enclume, les étampures en dessus; fait ren-
trer l'ajusture, si elle lui paraît trop relevée,
par une battue légère donnée sur la rive
interne; frappe les branches du fer de trois
ou quatre coups de marteau à partir de la
dernière étampure jusqu'à l'éponge pour
les mettre bien à plat.

Le maréchal examine ensuite le fer de
champ, en le tenant par la pince, pour s'assurer que les branches sont dans le même
plan et que la pince est assez relevée.

L'ajusture du fer de derrière est moins
prononcée; 2 à 3 millimètres de relèvement
en pince suffisent.

L'ajusture, pour certains pieds défeclueux, est plus prononcée, et dès lors plus prolongée en arrière.

Mais en toutes circonstances le maréchal doit mettre à plat l'extrémité des branches et les éponges.

L'ajusture française, bien comprise et bien pratiquée, est parfaite.

Elle est imitée du mode d'appui du cheval libre.

Sur le pied à l'état de nature et paré par l'usure, la pince est distante du sol de 4 à 5 millimètres environ; de la pince aux mamelles la distance diminue progressivement, pour disparaître à l'origine des quartiers.

Le pied ne porte sur le sol, en pince et en mamelles, que par le bord intérieur de la paroi et le pourtour antérieur de la sole; il porte partout en quartiers et en talons.

De même un pied ferré, avec un fer bien ajusté, ne porte sur le sol en pince et mamelles que par la voûte du fer, à partir du bord intérieur des étampures; il porte partout en branches et éponges.

INFLUENCE DU FER SUR L'APLOMB DU PIED.
— Le maréchal doit savoir qu'au moyen du fer il peut exercer une influence considérable sur l'assiette du pied.

Donner trop d'ajusture en pince, c'est surcharger les tendons.

La garniture, l'épaisseur, en excès d'un côté, reportent le poids du corps sur le côté opposé.

Lever des crampons, donner de la longueur aux éponges, c'est surcharger la pince.

Au contraire, donner de la garniture en pince, tronquer les éponges du fer, c'est reporter le poids du corps sur les talons et les tendons, etc.

§ VI. — FAIRE PORTER LE FER.

PRÉSENTER LE FER. — Le fer préparé est présenté chaud sur le pied.

Le maréchal doit l'essayer, le rectifier s'il y a lieu, et enfin le faire porter.

ESSAYER LE FER. — A cet effet, il se place bien en face du pied, pose son fer d'aplomb et bien droit.

Si le pied est bien fait ou à talons également serrés, la fourchette le coupe en deux parties égales. Alors le fer *est droit*, quand la lacune médiane est à égale distance des éponges et que les talons ont une égale garniture.

Si le pied est resserré d'un seul côté ou

plus d'un côté que de l'autre, la fourchette déviée et amaigrie ne peut plus servir de guide. Le fer est droit quand les éponges sont à égale distance de la fente postérieure du sabot, à son origine au bourrelet.

Alors le fer a la forme du côté le mieux fait ou le moins déformé, et conséquemment une garniture plus forte du côté le plus resserré.

Mettre le fer droit sous le pied, c'est mettre le pied d'aplomb sur le sol.

Le maréchal regarde le fer sur le pied, à droite, à gauche et en arrière, pour voir s'il est trop étroit ou trop large, trop long ou trop court; pour s'assurer qu'il est juste en dedans et garnit peu en dehors; que les éponges portent bien d'aplomb; qu'elles ont une garniture égale, si le pied est bon, et d'autant plus forte que le pied ou le talon est plus resserré; qu'elles arrivent à l'extrémité des talons en les dépassant de quelques millimètres seulement.

RECTIFIER LE FER. — Si le fer, légèrement essayé sous le pied, ne va pas, il est immédiatement rectifié sur l'enclume et présenté de nouveau.

NIVELER LE PIED. — Si le pied n'a pas été paré bien à plat, l'application du fer chaud signale les inégalités ; il faut alors niveler la surface d'appui en quelques coups de boutoir.

BRIDER OU REDRESSER LE PINÇON. — S'il est nécessaire d'avoir de la garniture en pince, l'ouvrier couche le pinçon, autrement dit, *fait brider le pinçon.*

Inversement, si la pince est courte, il suffit de *redresser le pinçon.*

FAIRE PORTER LE FER. — Le pied est nivelé ; le fer va bien ; alors l'ouvrier *fait porter* définitivement.

Faire porter, c'est appliquer fortement et rapidement le fer chaud sous le sabot, dans la position qu'il aura lorsque le pied sera ferré.

Le fer est maintenu droit par les tricoises, puis frappé en pince avec les tenailles, pour incruster le pinçon.

Le fer produit une large empreinte de corne brûlée qui indique l'étendue et l'exactitude du contact avec le sabot.

Sur un bon pied, laissé fort par le maréchal, la paroi et la sole, en pince et en mamelles, doivent porter en plein sur le fer.

Sur un pied trop paré ou à sole naturellement faible, l'ajusture doit être suffisante

pour empêcher la sole de porter sur le
fer.

Dans cette opération, le maréchal doit
surtout éviter la brûlure en ne laissant pas
le fer chaud trop longtemps sur le pied.

REFROIDIR LE FER. — Le fer qui a porté
est refroidi dans l'eau.

DÉBOUCHER LES CONTRE-PERÇURES. — Les
contre-perçures sont débouchées à l'étau,
du côté des étampures, nettement et méthodiquement, c'est-à-dire à gras en dehors, à
maigre en dedans et en pince.

DONNER LE FIL D'ARGENT. — C'est donner
un coup de lime au pinçon et au bord supérieur de la rive externe de la branche du
dehors; un deuxième coup de lime arrondit la rive externe et inférieure de la branche
du dedans.

§ VII. — ATTACHER LE FER.

ATTACHER LE FER. — Le maréchal présente le fer sur le pied et juge une dernière
fois la tournure.

D'un coup de râpe il arrondit et régula-
rise le bord inférieur de la paroi; il râpe de
court et plus en dehors qu'en dedans.

Le maréchal attache ensuite le fer à l'aide de clous.

A cet effet, il doit avoir une provision de clous proportionnés à la grandeur des pieds et ayant une bonne affilure.

Bon clou (fig. 79). — Le clou est *bon*

Fig. 79.

quand il est bien proportionné; alors la lame diminue d'épaisseur du collet au grain d'orge, et elle a la même largeur partout.

Le bon clou n'est pas pailleux, se plie en tous sens sans se casser, et en devenant blanc au pli.

Affilure. — L'affilure du clou est une préparation que le maréchal fait subir à la lame et à la pointe pour le rendre propre à être implanté dans la paroi.

Pour pratiquer l'affilure du clou le maréchal pose le clou à plat sur l'affiloir, la bavure en dessus.

Avec le brochoir il frappe à plat sur la lame pour la redresser, puis de champ

pour lui donner plus de résistance et d'é-
paisseur ; cela s'appelle *raidir le clou.*

Il courbe ensuite légèrement la lame, de
manière que le côté de la bavure soit concave et l'autre bombé. Enfin il termine en
disposant la pointe comme un coin aigu,
dont la face du côté bombé a la même direction que la tige du clou, tandis que la
face du côté concave offre un talus bien pro-
noncé qui donne de la sortie.

Un clou est bien affilé quand il a les dis-
positions ci-dessus décrites, et que, placé
verticalement et regardé de profil, sa pointe
correspond juste au milieu de sa tête.

Attacher le fer, c'est brocher et river les
clous.

BROCHER LES CLOUS. — Le maréchal doit :

Brocher les clous successivement, en les
plantant verticalement à la surface du fer
et au milieu des contre-perçures ;

Faire sortir les clous à une suffisante et
égale hauteur à la surface de la paroi ;

Les replier successivement et immédiatement sur la paroi ;

Brocher d'abord les deux clous de pince
en commençant par celui du dehors ;

Brocher les clous des talons en commençant par le talon du dedans ;

Étudier les mouvements du cheval en
brochant; certains chevaux *comptent*, c'est-
à-dire retirent le pied à chaque coup de
brochoir, mais la plupart comptent seulement quand ils sont piqués ou serrés par les
clous;

Regarder si le fer est bien droit et le remettre en place, au besoin, à coups de brochoir donnés par côté;

Brocher indifféremment les autres clous
sans craindre de déranger le fer;

Dans cette opération le maréchal juge
de la direction du clou par la résistance et
la sonorité de la corne qu'il traverse.

SERRER LES CLOUS. — Serrer successivement les clous dans les étampures en appuyant le mors des tricoises sous le fer.

Serrer le clou au pied, en appuyant les
tricoises sous le rivet et en cherchant à
mettre les rivets à la même hauteur sur la
paroi.

COUPER LES CLOUS. — Couper avec les tricoises les lames des clous, le plus près
possible de la paroi.

RIVER LES CLOUS. — Dégager le rivet en
enlevant avec le rogne-pied la petite portion de corne que la lame a repoussée.

8° Placer les tricoises sous chaque extrémité de la lame et recourber cette extrémité en frappant sur la tête du clou.

9° Incruster ensuite le rivet dans la paroi en le frappant à petits coups de brochoir et en appuyant sur la tête du clou avec les tricoises.

9° *RABATTRE LE PINÇON.* — Faire poser le pied ferré à terre et lever le pied opposé, puis *rabattre* le pinçon sur la paroi à petits coups de brochoir.

10° *DONNER UN COUP DE RÂPE.* — Donner un coup de râpe autour du pied, et seulement des rivets au fer.

11° *FAIRE TROTTER.* — Enfin, après la ferrure, le maréchal étudie les attitudes du cheval et de fait trotter sur le pavé.

Le cheval piqué ou gêné par les clous porte le pied en avant et le lève par intervalles.

Quand le cheval boite après la ferrure, il faut immédiatement rechercher la cause de la boiterie.

§ VIII — PIED BIEN FERRÉ.

JUGER LA FERRURE. — Pour juger la ferrure d'un cheval, les pieds sont examinés au poser et au lever.

AU POSER. — Au poser, le bon pied bien ferré, vu par devant et de côté, présente les conditions suivantes :

Les côtés du sabot sont égaux;

Le pinçon est au milieu du fer pour le pied de devant, un peu en dedans pour le pied de derrière; l'épaisseur du fer de devant est partout la même; le fer de derrière est un peu plus épais en pince, et porte parfois des crampons; les rivets sont à une même et suffisante hauteur, également distants, courts, épais, incrustés entièrement dans la paroi;

La pince, vue de profil, est courte, droite du bourrelet aux rivets, arrondie à partir des rivets;

Les talons ont la moitié au moins de la hauteur de la pince;

La garniture commence après la mamelle du dehors, et augmente progressivement pour être de 5 à 7 millimètres en éponges;

Le fil d'argent est tracé du pinçon à l'éponge.

AU LEVER. — Chaque pied est successivement levé par un aide et tenu d'abord comme pour l'opération du ferrage.

Quand le pied est bien ferré, le fer est *placé droit* sous le pied, c'est-à-dire que les éponges sont à égale distance de la lacune médiane de la fourchette;

Le fer de devant (fig. 80) présente partout la même couverture;

Fig. 80.   Fig. 81.

Le fer de derrière (fig. 81) est notablement plus couvert en pince; la branche du dedans est plus dégagée et plus droite que celle du dehors;

Le fer a une bonne ajusture : pince relevée suffisamment; mamelles également relevées; branches à plat;

Les têtes des clous sont complétement enclavées dans les étampures et régulièrement espacées;

La ligne abaissée de chaque tête de clou au rivet correspondant est perpendiculaire à la surface du fer;

la sole visible a toute son épaisseur (1)

Les barres et la fourchette n'ont reçu qu'une légère toilette.

Les mains passées de chaque côté sur les rivets permettent de juger s'ils ne dépassent pas la paroi.

Passées ensuite en arrière, entre la paroi et le fer, des quartiers aux éponges, elles renseignent sur la garniture.

L'aide saisit ensuite le membre par le canon, le paturon et le sabot tombant naturellement, de manière que la surface d'appui du pied soit verticale au sol.

Dans cette position il est facile de juger successivement :

L'aplomb du pied, en regardant si les deux éponges sont sur une même ligne, coupant à angle droit la direction d'ensemble du paturon ;

L'égalité d'épaisseur en éponges, en branches et en voûte, pour le fer de devant ;

L'égalité d'épaisseur des éponges entre elles, et d'épaisseur légèrement plus forte de la voûte du fer, pour le fer de derrière ;

Le contact ou l'éloignement de la voûte du fer avec la sole ;

La présence ou l'absence de cicatrices en dedans des boulets.

Visite de ferrure. — Il ne suffit pas qu'un cheval ait été bien ferré ; il faut encore que la ferrure soit entretenue en bon état.

A cet effet, les pieds des chevaux doivent être examinés tous les jours par le maréchal.

La ferrure des chevaux commandés pour un service exceptionnel doit être spécialement visitée *la veille du départ.*

§ IX — ENTRETIEN DU PIED.

Conserver le pied en santé est bien plus facile que de de guérir quand il est déformé ou malade.

Préserver vaut mieux que guérir.

Moyens naturels. — La nature a des procédés simples et toujours efficaces pour conserver la forme du sabot et la qualité de la corne.

Il faut imiter la nature :

Parer le pied assez souvent et toujours d'aplomb ;

Laisser le pied fort et respecter la sole ;

Ne pas attaquer le vernis de la paroi au-dessus des rivets ;

Laisser aux poils de la couronne assez

de longueur pour qu'ils recouvrent et protègent le bourrelet;

Favoriser l'élasticité du pied par un exercice suffisant, et en faisant poser à plat, sur le fer, les quartiers et les talons.

Donner de temps à autre de l'humidité au sabot.

Moyens artificiels. — L'opération des crins, le lavage et le graissage du pied sont des moyens souvent employés comme mesure de propreté et pour conserver au sabot sa forme et sa qualité; ces moyens sont parfois nuisibles et ne remplissent pas toujours le but que l'on se propose.

Faire les crins. — Faire les crins, c'est tondre de plus ou moins près les poils du bas des jambes.

Or ces poils sont très utiles au pli du paturon et à la couronne; ils protègent ces régions contre le contact irritant de la sueur, de la boue, de la poussière;

Raser les poils de près, sous prétexte de toilette, de faciliter les soins de propreté, de donner du coup d'œil, est donc une pratique fâcheuse.

Des crevasses se déclarent, le périople se gerce, s'écaille, et la corne perd de ses qualités.

Faire les crins doit simplement consister à dégager le bas des jambes, en émondant les poils trop longs, en éclaircissant les poils trop épais.

LAVAGE DES PIEDS. — Le lavage des pieds est une bonne pratique, mais il doit se faire à l'éponge et à la brosse molle.

Très-fréquemment le lavage se fait à la brosse de chiendent, qui irrite le bourrelet, use et détruit à fond le vernis de la paroi.

GRAISSAGE DES PIEDS. — Le graissage des pieds est très-usité.

On trouve que le cheval qui a les pieds graissés et luisants est plus propre et paraît mieux soigné;

Que le graissage empêche le pied de se dessécher;

Que la graisse remplace le vernis de la paroi attaqué par la râpe du maréchal et la brosse de chiendent;

Que le graissage de la couronne est particulièrement utile, parce qu'il active les sécrétions de la corne.

Le graissage des pieds a du bon; mais il faut savoir le pratiquer, ne pas en abuser, se servir de bon onguent de pied.

On ne doit graisser le pied qu'à partir des poils de la couronne, et ne mettre qu'une couche très-légère; graisser même légèrement le bourrelet, c'est le ramollir et l'irriter, car les graisses et les huiles rancissent au contact de l'air.

Graisser les pieds plusieurs fois par jour est une pratique funeste au sabot, si l'onguent de pied est mauvais et appliqué sur la couronne; c'est, en tout cas, une dépense inutile.

Dans l'armée, on graisse les pieds pour les revues et après chaque ferrure.

ONGUENT DE PIED. — Tout onguent de pied qui contient des siccatifs, tels que l'huile végétale, la térébenthine solide, doit être rejeté.

L'onguent en usage dans l'armée est composé de goudron végétal et de graisse de cheval à parties égales. Il ne rancit pas et conserve bien l'humidité du sabot.

L'onguent de pied un peu liquide est d'un plus facile emploi et plus économique.

DONNER DE L'HUMIDITÉ A LA CORNE. — Conserver l'humidité du sabot par le graissage ne suffit pas. Il est indiqué de faire pénétrer de l'eau dans les pieds desséchés et surtout dans ceux qui ont été parés à fond

C'est par le périople et surtout par la fourchette et la sole que l'eau pénètre dans le sabot. La paroi très dense, recouverte par son vernis, est difficilement perméable.

Pour faire pénétrer l'eau dans le sabot, on emploie: les bains, la bouse de vache, les cataplasmes de farine de lin et de son, la terre glaise détrempée, le séjour à la prairie.

BAINS DE PIEDS. — Les bains de pieds sont un bon moyen de donner de l'humidité à la corne. Mais après le bain il faut immédiatement graisser les sabots pour emprisonner l'eau et empêcher la corne de se dessécher.

Si le graissage est négligé, le bain fait plus de mal que de bien: la corne devient dure, sèche et cassante.

Dans l'armée, on fait prendre les bains de pieds à l'écurie, dans un seau ou dans un bassin spécial, ou bien à la rivière.

Chaque bain doit être suivi du graissage des sabots.

Pour combattre le dessèchement de la sole, la sensibilité des pieds, on peut appliquer deux fois par semaine la bouse de vache: c'est ce qu'on appelle fienter les pieds.

Les pieds sont fientés le soir, lavés et graissés le lendemain matin.

Des applications trop fréquentes ou trop longues entraînent la pourriture de la fourchette.

CATAPLASMES. — Les cataplasmes sont souvent employés pour les pieds malades.

Il ne faut pas les laisser dessécher sous le pied.

On doit donc les arroser, ou mieux encore, faire prendre deux bains de pieds par jour, sans déranger le cataplasme.

Le cataplasme est en général changé tous les matins.

FARINE DE LIN. — Les cataplasmes de farine de lin sont surtout usités pour les *pieds malades*.

La farine de graine de lin, étant tout à la fois humide et grasse, se dessèche très lentement et ramollit bien la corne.

Mais la farine de graine de lin est chère.

FEUILLES DE MAUVE. — Le cataplasme de feuilles de mauve bouillies ne coûte rien; on ne l'utilise pas assez.

SON. — Le son est le plus généralement employé : c'est à tort.

Le son ne garde pas l'eau, il se dessèche avec une grande rapidité et rend la corne dure et cassante. Un cataplasme de son qui n'est pas constamment humecté fait plus de mal que de bien.

Le cataplasme de son a enfin un dernier inconvénient, c'est d'être pris sur la ration.

TERRE GLAISE. — La terre glaise, délayée dans l'eau et placée sous les pieds, produit de bons effets. Elle peut être employée comme cataplasme économique.

Parfois on dispose une couche de terre glaise délayée devant la mangeoire d'un cheval, de manière que les pieds de devant y soient constamment plongés.

Dans certains établissements, il existe des box dont le sol est couvert de glaise, et on y laisse les chevaux en liberté.

PRAIRIE. — La prairie humide produit d'excellents effets sur les pieds déformés ou malades.

Dans le sol mou, la pince s'enfonce, les talons s'ouvrent, la sole imbibée devient souple et s'épanouit.

Mais une bonne prairie humide est bien rare.

Le sol de la prairie est souvent sec et dur; alors les pieds se délabrent et sont plus malades, plus difficiles à ferrer qu'avant la mise au vert.

Il est de règle de déferrer les chevaux avant de les mettre au vert en liberté.

Le maréchal doit fortement arrondir à la râpe le pourtour antérieur de la paroi; il empêche ainsi les pieds de se dérober, et les coups de pied sont moins graves.

Arrondir fortement à la râpe le bord de la paroi est également indiqué pour tout cheval déferré d'un ou de plusieurs pieds, même quand il reste à l'écurie.

CHAPITRE IV

Ferrures exceptionnelles.

S Ier. — FERRURE A FROID

PRATIQUE DE LA FERRURE A FROID DANS L'ARMÉE. — La ferrure à froid a été pendant quelques années la règle dans l'armée; elle est aujourd'hui l'exception. Une décision ministérielle du 22 mars 1854 prescrit néanmoins d'exercer les maréchaux à la pratique de la ferrure à froid.

Le maréchal militaire doit être en état de bien pratiquer la ferrure à froid. En campagne, il est souvent impossible de

ferrer à chaud; en garnison, il est bon de
ferrer à froid les rares chevaux très-difficiles
à la forge et faciles à l'écurie, et aussi les
pieds à sole très-amincie par suite d'opérations chirurgicales.

MANUEL OPÉRATOIRE. — Pour bien ferrer
à froid, il faut :

Viser d'une façon toute particulière à
parer le pied d'aplomb et à plat;

Dresser le pied à la râpe et lui donner une
ajusture rationnelle en pince et en mamelles;

Forger le fer pour le pied, en se guidant
sur le vieux fer ou sur des mesures prises
avec deux brins de paille, dont l'un repré-
sente la longueur et l'autre la largeur, ou
sur un patron en papier reproduisant les
contours du sabot;

Donner enfin au fer une ajusture très-
régulière avant de l'appliquer.

En pratiquant la ferrure à froid, le maréchal doit éviter surtout de *faire le pied
pour le fer*; trop souvent il modifie le pied
avec le boutoir et la râpe pour lui donner
la forme du fer.

INCONVÉNIENTS. — La pratique de la ferrure à froid demande plus d'habileté, plus
de temps, plus de soin que la pratique de

la ferrure à chaud. Cette ferrure est aussi moins solide, comme l'ont prouvé les expériences qui ont amené sa suppression dans l'armée.

§ II. — FERRURE À GLACE.

DÉFINITION. — La ferrure à glace a pour but d'empêcher les chevaux de glisser et de tomber sur la neige, la glace, le verglas.

On emploie dans ce but le fer ordinaire avec des crampons et des clous à glace.

CRAMPONS. — Dans les pays du Nord, la glace et la neige durcie persistent longtemps; les chevaux sont toujours ferrés avec des fers à forts crampons.

En France, les gelées sont courtes, interrompues fréquemment par le dégel; la neige ne durcit pas, et conséquemment botte sous les pieds des chevaux : c'est son plus grand inconvénient. Une ferrure à glace permanente n'a pas de raison d'être.

L'emploi des crampons n'est donc que momentané.

Ces crampons, levés à l'extrémité des éponges, sont d'une épaisseur et d'une largeur égales à celles des branches du fer, d'une hauteur égale pour chaque fer de devant ou de derrière, plus hauts aux fers de derrière qu'aux fers de devant,

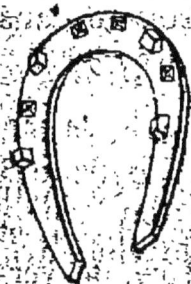

Lorsque la ferrure est récente, les crampons suffisent pour retenir les chevaux sur les routes glissantes

CLOUS À GLACE. — Les clous à glace sont souvent appliqués sous un fer ordinaire (fig. 82), mais ils usent vite et leur remplacement trop fréquent peut détériorer la paroi.

Fig. 82.

Ils doivent aussi être employés quand les crampons, usés, arrondis, deviennent insuffisants.

Le clou à glace à tête carrée glisse moins et dure davantage (fig. 83).

Fig. 83.

Le clou à tête tranchante s'use plus vite (fig. 84).

Fig. 84.

On peut aussi transformer le clou ordinaire en clou à glace.

A cet effet, il faut :

MARÉCHALERIE. 10

Choisir un bon clou ordinaire, d'un numéro plus fort que celui qu'on veut remplacer sous le pied;

Le saisir par la lame avec des tenailles très-justes;

Marteler à froid, sur l'enclume, la tête du clou, en respectant le collet, de manière à la transformer en pyramide tronquée ou en lame tranchante, comme le clou à la savoyarde.

Dans l'emploi des clous à glace il est indiqué :

De mettre sous le pied trois ou quatre clous;

De les renouveler lorsqu'ils sont usés, en les changeant d'étampures, autant que possible;

De ne jamais en mettre dans les deux étampures de pince du fer de devant.

INCONVÉNIENTS. — La ferrure à glace est un mal nécessaire.

L'emploi des crampons aux fers de devant fausse les aplombs, met le cheval sur ses boulets, l'expose à butter et à se couronner, peut occasionner des bleimes.

L'usage répété de clous à lame forte détériore la corne et produit le pied dérobé.

§ III. — Ferrure Charlier.

Défininion. — La ferrure Charlier est une demi-ferrure de devant.

Le principe de cette ferrure est de faire participer la sole et la fourchette à l'appui, comme à l'état de nature, et de laisser au pied ferré toute son élasticité.

La ferrure Charlier nécessite un fer, des clous, un outillage et un manuel opératoire spéciaux.

Fer (fig. 85 et 86). — Le fer a la tour-

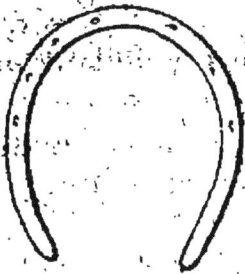 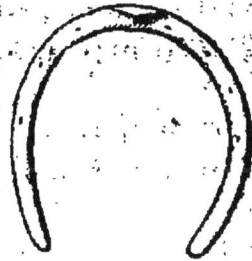

Fig. 85.　　　　　Fig. 86.

nure exacte du pied; il est plus épais que large; d'une égale épaisseur partout, un peu moins couvert à la branche du dedans.

Le fer est bigorné obliquement à son pourtour extérieur, de telle manière que sa face supérieure est un peu plus étroite que sa face inférieure.

10.

On lève des pinçons au fer Charlier comme au fer français.

La face inférieure du fer porte six, sept ou huit étampures de forme ovale, contre-percées obliquement et à gras, un peu plus à gras à la branche du dehors qu'à celle du dedans.

Les éponges sont justes, arrondies, inclinées suivant la direction de la paroi des talons.

Clou. — La tête du clou est tronquée, de forme ovale et bien moins forte que celle du clou français.

Boutoir (fig. 87). — Le boutoir est plus

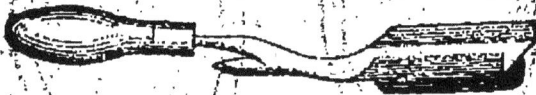

Fig. 87.

étroit que le boutoir ordinaire; il porte en dessous de sa lame un guide régulateur.

Manuel opératoire. — Le maréchal pratique, de la pince aux talons, de chaque côté du pied, une rainure qui doit avoir partout la même profondeur et qui est destinée à loger le fer (fig. 88). Cette rainure, commencée avec le boutoir, est complétée par l'application du fer chaud, qui y est incrusté.

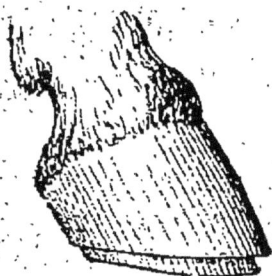

La rainure ne doit pas dépasser la moitié environ de l'épaisseur de la sole.

Le maréchal ne touche ni à la sole, ni aux barres, ni à la fourchette.

Fig. 88.

Après avoir paré le pied, il donne la tournure au fer, l'essaye à chaud, le fait porter, l'attache, et donne le coup de râpe final (fig. 89).

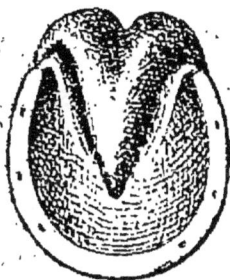

Le fer Charlier ne comporte pas d'ajusture, et n'est susceptible que d'une très-faible garniture en talons.

Fig. 89.

UTILITÉ DE CETTE FERRURE. — La ferrure Charlier est une bonne demi-ferrure de devant pour les pieds combles, plats à talons serrés, à talons serrés par en bas.

§ IV. — FERRURE DES PIEDS DÉFECTUEUX.

PIED TROP GRAND. — Ferrure ordinaire.

PIED TROP PETIT. — Fer demi-couvert, avec une bonne garniture.

PIEDS INÉGAUX. — Ferrer le plus grand à la manière ordinaire, et donner une bonne garniture au plus petit.

PIED PLAT. — Ménager les talons, parer la pince, respecter la sole autant que possible, faire sauter le sommet de la pince jusqu'à un millimètre du sillon circulaire; faire la toilette à la fourchette et aux barres; arrondir fortement, à la râpe, le bord tranchant de la paroi, en mamelles et à l'origine des quartiers.

Se servir d'un fer couvert, assez léger, à pinçon très-incrusté, à ajusture suffisante, pour empêcher le fer de porter sur la sole, à garniture ordinaire, à éponges parfaitement planes, de même épaisseur que le fer et dépassant un peu en talons.

Employer des clous à lame mince.

PIED COMBLE. — Mêmes indications que pour le pied plat : couverture et ajusture augmentées, pour protéger le pied et éviter de faire porter le fer sur la sole;

Laisser entre le fer et la sole une distance de 1 à 2 millimètres seulement;

Se servir de clous à lame mince;

Goudronner le dessous du pied;

Employer le fer à planche, si la four-chette est bonne.

Le fer Charlier peut bien souvent rem-placer avec avantage le fer couvert et le fer à planche. Il devient même indispensable quand un pied plat ou comble à la paroi trop faible, trop délabrée pour supporter le poids d'un fer couvert ou d'un fer à planche.

PIED LONG EN PINCE. — Parer la pince autant que possible, mais avec précaution; faire sauter le sommet de la pince jusqu'à un millimètre du sillon circulaire; ménager les talons.

Appliquer un fer demi-couvert, léger, un peu long, ajusté en pince, de manière à ne pas toucher la sole.

PIED ENCASTELÉ NON BOITEUX. — Si l'en-castelure ne détermine ni sensibilité ni boiterie.

Il faut parer le pied à la manière ordi-naire, se servir du fer demi-couvert, en donnant une garniture en rapport avec le resserrement;

Si le resserrement est très-accusé et égal des deux côtés du sabot, se servir du fer à éponges couvertes;

Si le resserrement est plus accusé d'un côté, se servir du fer à une éponge couverte;

Placer le fer bien droit sous le pied; employer des clous minces de lame.

PIED ENCASTELÉ BOITEUX. — Si l'encastelure détermine sensibilité et boiterie :

Faire disparaître la douleur par des cataplasmes et des bains; puis traiter l'encastelure.

A cet effet :

Employer le fer à pantoufle modifié; lui donner la tournure, la garniture, l'ajustûre et le faire porter avant de replier les éponges;

Donner une égale obliquité aux replis de l'éponge, si les talons sont également serrés;

Donner plus d'obliquité à l'éponge du talon le plus resserré;

Disposer le fer de manière que le bout de chaque talon porte en haut du plan incliné;

Abattre légèrement la corne à partir de la dernière étampure jusqu'au bout du talon;

Attacher le fer avec des clous minces de lame.

Quand le pied est bien ferré, à partir de la dernière étampure jusqu'à l'éponge, il n'est pas en contact avec le fer; les talons sont légèrement ouverts; chacun d'eux porte en haut du plan incliné.

Lors du déferrement, on constate sur les plans inclinés de larges traces d'usure.

L'effet de cette ferrure est nul quand les talons portent en bas des plans inclinés; alors ceux-ci ne présentent pas de traces d'usure.

L'encastelure sur les pieds *suffisamment hauts* et également serrés peut être traitée avec succès par le fer à croissant (fig. 90 et 91).

Fig. 90. Fig. 91.

Ce fer doit être incrusté dans le sabot, de telle sorte que la surface du fer et la surface du pied soient exactement sur le même niveau.

Alors le fer et la corne usent ensemble.

PIED À UN QUARTIER RESSERRÉ. — Pour le resserrement du quartier :

Parer le quartier sain et ménager le quartier resserré, de manière à mettre le pied aussi d'aplomb que possible.

Il faut souvent plusieurs ferrures pour arriver à l'aplomb parfait;

Employer le fer à une branche couverte, permettant de donner une forte garniture;

Ou bien le fer à éponges couvertes et obliques ;

Ou bien le fer à planche, si la fourchette est bonne ;

Se servir de clous à lame mince pour le quartier resserré.

PIED À TALONS CHEVAUCHÉS. — Mêmes indications que pour le pied à un quartier resserré.

PIED ORDINAIRE À TALONS SERRÉS. — Fer demi-couvert avec bonne garniture, pour un resserrement léger;

Fer à éponges couvertes, pour un resserrement très-fort;

Fer à une éponge couverte, pour un resserrement plus accusé d'un côté.

En cas de sensibilité et de boiterie, cata-

plasmes et bains ; puis fer à éponges couvertes et obliques, ou fer à croissant, si les
talons sont également resserrés.

PIED PLAT À TALONS SERRÉS. — Le fer
Charlier convient parfaitement aux pieds
plats à talons bas, serrés et sensibles.

La fourchette porte en plein sur le sol,
et en quelques mois les déformations les
plus graves disparaissent.

A défaut de ce fer, le fer couvert et surtout le fer à planche peuvent être employés.

On ne doit recourir au fer à planche que
sur les pieds à bonne fourchette et à talons
sensibles. Il faut que la planche porte en
plein sur la fourchette et que les talons,
abattus légèrement et de court, ne touchent
pas le fer.

L'emploi du fer à planche amène le
soulagement et la dilatation des talons ;
mais cet emploi ne peut être de longue
durée.

Il faut alors alterner avec le fer couvert.

Si les talons sont très-bas, il est indiqué
de rétablir l'aplomb avec le fer à planche à
crampon longitudinal.

PIED À TALONS SERRÉS DU BAS. — Si les
talons ne sont pas sensibles :

Employer le fer à éponges couvertes; dans le cas contraire, abattre à plat et de court les talons, les goudronner et se servir du fer à planche, même au cas où la fourchette ferait défaut.

Enfin le fer à éponges couvertes et obliques est aussi indiqué.

PIED À TALONS SERRÉS DU HAUT. — Fer ordinaire, s'il n'existe pas de seime.

Ne pas essayer de dilatation par en bas; le resserrement augmenterait par en haut.

Fer à planche portant sur la fourchette, s'il existe une seime.

PIED DE TRAVERS. — Remettre le pied dans son aplomb, en ménageant le côté qui a été abaissé et en parant l'autre.

Si le vice d'aplomb est ancien, il faut souvent plusieurs ferrures pour redresser le pied.

Employer le fer demi-couvert avec une bonne et égale garniture.

PIED PANARD. — Mettre le pied bien d'aplomb, en parant le côté du dehors et en ménageant celui du dedans.

Reformer fortement à la râpe la paroi de la mamelle externe et de la région antérieure du même quartier.

Employer le fer demi-couvert, tenu juste en dedans, en mamelle et en quartier, et garnissant également en éponges.

Pour le pied de derrière, lever le pinçon très en dedans et tenir la branche droite.

PIED CAGNEUX. — Mettre le pied bien d'aplomb en parant le côté du dedans et ménageant celui du dehors.

Reformer fortement à la râpe la paroi de la mamelle interne et la région antérieure du même quartier.

Employer le fer demi-couvert, tenu juste en mamelle et quartier du dedans.

Donner une bonne garniture à la mamelle et au quartier du dehors, égale garniture et éponges.

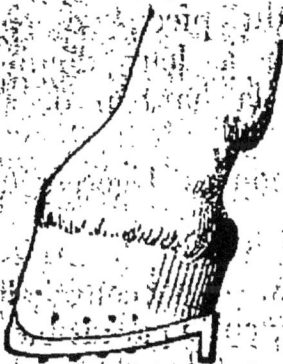

Fig. 92.

PIED PINÇARD (figure 92). — Parer la pince autant que possible, sans éveiller sa sensibilité; il y a ordinairement peu de chose à faire.

Ménager les talons.

Employer le fer pinçard pourvu de crampons dont l'élévation est calculée sur la distance qui sépare les talons du sol.

Faire brider le pinçon.

PIED RAMPIN. — Si la paroi traîne sur le sol, mettre un fer à pinçon large et épais. Dans le cas contraire, ferrer à la manière ordinaire.

PIED À TALONS BAS. — Parer la pince; ménager les talons.

Fer demi-couvert, un peu long; bonne et égale garniture. On peut aussi employer un fer à éponges un peu nourries.

PIED À TALONS HAUTS. — Abattre les talons, leur laisser une hauteur en rapport avec la conformation du pied; ne pas chercher quand même à leur donner seulement la moitié de la hauteur de la pince.

Ferrure ordinaire; éponges légèrement amincies.

PIED À TALONS FUYANTS. — Raccourcir le pied autant que possible, en le parant bien à plat, en pince comme en talons.

Faire sauter la pince en travers jusqu'au sillon circulaire.

Fer ordinaire avec un bon pinçon redressé et incrusté, de manière à remonter le fer le plus possible.

Supprimer les clous de pince et ferrer long.

PIED GRAS. — Parer avec précaution, ménager la sole.

Appliquer un fer demi-couvert, léger, avec une bonne garniture.

Clous minces de lame.

PIED MAIGRE. — *PIED CERCLÉ.* — *PIED A PAROI SÉPARÉE DE LA SOLE.* — Mêmes indications que pour le pied gras.

PIED A TALONS FAIBLES. — Parer la pince, ménager les talons.

Fer demi-couvert avec une bonne garniture.

Fer à planche portant sur la fourchette et non sur les talons.

PIED DÉROBÉ. — Les pieds gras, maigres, cerclés, à paroi séparée de la sole, sont souvent dérobés.

Parer avec précaution ; faire tomber *tous les éclats de corne*, bien arrondir le bord de la paroi avec la râpe.

Mettre un fer demi-couvert, léger, à trois pinçons, un en pince, deux en quartiers ; étampé aux régions qui correspondent à la bonne corne.

Se servir de clous à lame mince.

Le fer à planche peut aussi être employé si la fourchette est bonne.

On a eu encore parfois recours à la gutta-percha ; mais ce moyen n'a pas donné dans la pratique des résultats satisfaisants.

§ V. — FERRURE DES VICES D'APLOMB.

Membres de devant.

CHEVAL SOUS LUI DU DEVANT. — Parer la pince, ménager les talons.

Appliquer le fer ordinaire avec ajusture plus accusée en pince.

Éponges de longueur ordinaire.

CAMPÉ DU DEVANT. — Le cheval qui a les pieds sensibles et douloureux se campe du devant et se met sous lui du derrière.

Ferrure appropriée à l'état des pieds.

BRASSICOURT. — Parer le pied à la manière ordinaire.

Fer ordinaire.

ARQUÉ. — Parer la pince ; conserver les talons.

Fer ordinaire.

Genou creux. — Parer la pince ; ménager les talons.

Fer demi-couvert avec une bonne ajusture en pince.

Se servir de clous à tête petite noyée dans l'étampure.

Bas-jointé. — Parer la pince ; conserver les talons.

Ferrer un peu long.

Droit-jointé. — Ferrure ordinaire.

Bouleté. — Parer la pince ; ménager les talons.

Fer ordinaire.

Trop ouvert du devant. — Ferrure ordinaire.

Trop serré du devant. — Parer à la manière ordinaire.

Ferrer très-juste en mamelle et quartier du dedans ; donner une égale garniture en éponges.

Panard du membre. — Au bout d'un membre panard doit se trouver un pied panard.

Redresser un membre panard est impossible et ne doit pas être tenté.

Si, dans ce but, le maréchal pare à fond le dehors du sabot, il arrive à placer un pied cagneux au bout d'un membre panard.

Même ferrure que pour le pied panard.

CAGNEUX DU MEMBRE. — Mêmes observations que pour le cheval panard du membre.

Même ferrure que pour le pied cagneux.

Membres de derrière.

SOUS LUI DU DERRIÈRE. — Parer la pince; ménager les talons.

Fer à crampons.

CAMPÉ DU DERRIÈRE. — Ferrer à la manière ordinaire.

Faire brider le pinçon; mettre des crampons.

BAS-JOINTÉ. — Parer la pince; ménager les talons.

Ferrer long et mettre des crampons.

DROIT-JOINTÉ. — Ferrure ordinaire.

BOULETÉ. — Ferrure ordinaire à crampons.

TROP OUVERT DU DERRIÈRE. — Ferrure ordinaire.

SERRÉ DU DERRIÈRE. — Parer à la manière ordinaire; ferrer très-juste en mamelle et quartier du dedans; à cet effet, lever le pinçon en dedans et tenir la branche droite; donner une égale garniture en éponges.

PANARD DU MEMBRE. — Au bout d'un membre panard doit se trouver un pied panard.

Redresser un membre panard est impossible et ne doit pas être tenté.

Si, dans ce but, le maréchal pare à fond le dehors du sabot, il arrive à placer un pied cagneux au bout d'un membre panard.

Même ferrure que pour le pied panard.

CAGNEUX DU MEMBRE. — Mêmes observations que pour le pied panard.

Même ferrure que pour le pied cagneux.

§ VI. — FERRURE DES IRRÉGULARITÉS DE LA MARCHE.

CHEVAL QUI SE CROISE. — Parer à la manière ordinaire.

Fer ordinaire; ferrer juste en dedans.

11.

Ne pas mettre des crampons aux pieds de derrière.

CHEVAL QUI SE TOUCHE, SE COUPE, S'EN-TRE-TAILLE. — Mettre une couche de blanc d'Espagne délayé dans l'eau au point où le cheval se coupe;

Faire trotter; constater quelle est la région du fer ou du sabot qui frappe le membre à l'appui.

Diminuer cette région autant que possible.

A cet effet:

Parer le pied bien d'aplomb;

Si le cheval se coupe avec la mamelle ou la partie saillante du quartier, se servir du fer à branche tronquée, portant deux étampures à l'éponge du dedans, et deux pinçons, dont un en mamelle externe;

Arrondir fortement à la râpe la paroi en mamelle et à la partie saillante du quartier.

Si le cheval se coupe un peu en arrière de la région saillante du quartier, se servir du fer à branche tronquée, droite et dépourvue d'étampures; arrondir fortement à la râpe la paroi du quartier.

CHEVAL QUI FORGE. — *Ferrure du pied de derrière:*

Parer le pied sans tronquer la pince;

Se servir d'un fer à pince tronquée, disposée en biseau et fortement ajustée, portant deux pinçons et des crampons;

Lever chaque pinçon entre les deux premières étampures et plus près de la seconde;

Faire dépasser le fer, par la corne de pince, de toute l'épaisseur de la paroi;

Ferrer long, et d'un fort coup de râpe arrondir la corne de pince.

Ferrure du pied de devant :

Parer la pince; ménager les talons;

Ferrer avec un fer ordinaire et à la longueur habituelle.

Ferrer court est mauvais.

CHEVAL QUI S'ATTEINT. — Même ferrure que pour le cheval qui forge.

CHEVAL QUI SE DÉFERRE. — Laisser le pied fort au cheval sujet à se déferrer.

Se servir de fers à deux pinçons, l'un en pince, l'autre en quartier externe.

CHEVAL QUI BUTTE. — Parer la pince; ménager les talons;

Fer demi-couvert, à ajusture plus forte en pince;

Se servir de clous à tête petite noyée dans l'étampure.

CHAPITRE V.

Ferrures étrangères.

Parmi les ferrures étrangères, la ferrure anglaise et la ferrure arabe sont les seules qui méritent d'être étudiées; les autres ressemblent à la ferrure française ou à la ferrure anglaise.

La ferrure arabe est originale et sera décrite, parce qu'elle est pratiquée par les indigènes de l'Algérie.

§ Ier. — FERRURE ANGLAISE.

DÉFINITION. — La ferrure anglaise diffère de la ferrure française au double point de vue de la disposition du fer et de la manière de l'appliquer sous le pied.

FER DE DEVANT. — Le fer anglais de devant est du même coup forgé, ajusté et rainé.

L'ajusture, prise aux dépens de l'épaisseur du fer, divise la face supérieure en deux parties (fig. 93):

1° Une surface pleine extérieure, appelée *siège*, sur laquelle doit s'appuyer la paroi;

Fig. 93.

2° Un *talus* intérieur qui correspond à la sole.

La face inférieure est plane et creusée près de la rive externe d'une profonde *rainure* (fig. 94).

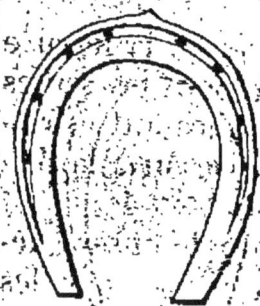

Fig. 94.

La rainure est pratiquée à l'aide d'une tranche verticale sur sa face gauche et taillée en biseau arrondi sur sa face droite. Elle est creusée plus à maigre à la branche du dedans qu'à la pince et à la branche du dehors.

Les étampures sont percées dans la rainure à l'aide d'un poinçon.

Les contre-perçures doivent être à gras, en dehors et en pince, un peu plus à maigre en dedans.

Le fer de devant est également couvert et épais à toutes les régions, sauf en éponges.

Les éponges sont plus étroites et plus épaisses, arrondies à leur bout et disposées en biseau, de la face supérieure du fer à la face inférieure.

FER DE DERRIÈRE. (Voir fig. 95, 96 et 97, p. 169.) — Le fer de derrière, couvert et épais en pince, est très-dégagé et plus mince en branches.

La branche du dehors, notablement plus couverte et un peu plus longue que celle du dedans, porte un crampon.

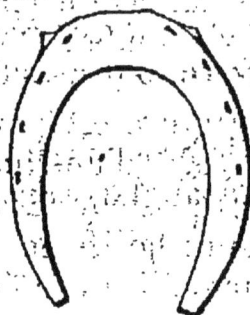 

Fig. 95.   Fig. 96.

Fig. 97.

La branche du dedans est très-étroite, surtout en arrière, où elle se termine par un épaississement considérable et progressif de l'éponge. Cet épaississement donne à l'éponge du dedans une hauteur égale à celle de l'éponge du dehors munie de son crampon.

L'éponge du dedans est, en outre, arrondie en biseau à son extrémité et un peu inclinée sous le pied.

Le fer anglais de derrière est rainé seu-

lement en mamelles et en branches. Il porte
généralement un pinçon à chaque mamelle,
et plus rarement un seul pinçon en pince.

INSTRUMENTS DE FERRURE. — Le maréchal
anglais tient le pied et ferre tout à la fois,
sans le secours d'un aide.

Les instruments sont : le brochoir, un petit rogne-pied, le couteau anglais (fig. 98)
et une forte râpe.

Fig. 98.

FERRURE DU PIED DE DEVANT. — Le maréchal lève le pied du cheval, le droit, par
exemple.

Il passe sa jambe droite en dedans du
membre du cheval, de manière à tenir le
boulet et le canon entre ses cuisses, en faisant appuyer le pied sur ses genoux, sans
trop le tirer en dehors.

DÉFERRER. — Pour déferrer, prenant le
brochoir de la main droite et le rogne-pied
de la main gauche, il casse les rivets du
dehors, puis il change de main pour casser
les rivets du dedans.

A l'aide de tricoises il soulève le fer avec précaution et l'enlève.

PARER LE PIED. — Le maréchal enlève d'abord la corne dure avec la râpe.

Il pare ensuite le pied avec la rénette, en commençant par le talon externe dans les pieds droits, et par le talon interne dans les pieds gauches.

La rénette est tenue avec la main droite, les doigts en dessus, la lame bien parallèlement à la surface inférieure du pied, le tranchant tourné du côté droit de l'homme, les quatre doigts de la main gauche placés sur la paroi pour soutenir le pied ; le pouce de la même main appuyé sur le dos de la rénette, pour le pousser toujours de gauche à droite du maréchal et lui servir de régulateur.

Le pied étant suffisamment paré, est ensuite égalisé par la râpe.

Le maréchal prépare alors le fer et lui donne la tournure.

Il l'essaye, le lime avec un soin extrême,

Fig. 99.

et le fixe sous le pied à l'aide de clous (fig. 99). La tête des clous disparaît assez complétement dans la rainure pour ne pas dépasser la surface du fer; le collet est forcé dans l'étampure, de telle manière que le clou fait en quelque sorte partie du fer.

BROCHER ET RIVER. — Pour brocher et river sur le quartier du dehors, il place sa jambe droite en avant de la gauche; pour le quartier du dedans, c'est la jambe gauche qui doit être en avant.

FERRURE DU PIED DE DERRIÈRE. — Pour lever et tenir le pied de derrière, le droit, par exemple, et agir sur le quartier du dehors, le maréchal place sa jambe gauche en arrière de la droite, sa cuisse droite dans une direction oblique et bien allongée, le genou fléchi pour servir d'appui au boulet ainsi qu'au pied.

Pour opérer sur le quartier du dedans, la jambe gauche est placée en avant de la jambe droite; la première sert d'appui au pied et l'autre au boulet. Le bras droit du maréchal doit être appuyé au tendon, afin de tenir plus facilement le pied et de parer avec plus d'aisance.

Pour parer, brocher et river, le manuel opératoire est le même que pour le pied de devant.

La ferrure des pieds gauches s'exécute,

en inversant les positions, de la même manière que celle des pieds droits.

§ II. — FERRURE ARABE.

Le fer arabe a la pince presque carrée, les branches droites, les éponges contournées en dedans, chevauchant l'une sur l'autre sans être soudées; il est pourvu de six étampures rondes.

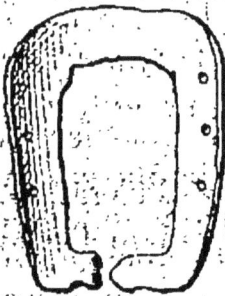 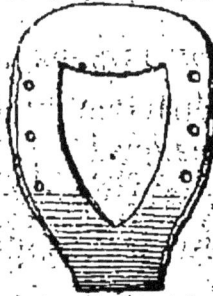 

Fig. 100. Fig. 101. Fig. 102.

L'ajusture du fer arabe est inverse de l'ajusture française : le dessus du fer est bombé et le dessous est creux.

En somme, le fer arabe est une espèce de planche très-grossière, à ajusture inverse et très accusée.

CHAPITRE VI.

Ferrure du mulet.

La ferrure du mulet se fait d'après les mêmes principes que celle du cheval.

SABOT DU MULET. — Le sabot du mulet est plus long que large et aplati par côtés.

La paroi est mince en quartiers; les talons sont élevés, la sole creuse, la fourchette petite.

La corne du mulet est plus dure que celle du cheval.

FER DE MULET. — Le fer de mulet a une forme particulière en rapport avec celle du sabot.

Le fer de mulet employé dans l'armée est d'une épaisseur moyenne et égale à toutes les régions.

La pince est couverte sans exagération.

La couverture diminue des mamelles aux éponges.

Les branches sont donc progressivement dégagées; la branche du dedans est plus dégagée que celle du dehors.

Le fer de devant est étampé à tout son pourtour antérieur et plus près des éponges que le fer à cheval (fig. 103).

Les étampures sont percées *plus à gras* que sur le fer du cheval, un peu moins à gras à la branche du dedans qu'en pince et à la branche du dehors.

Fig. 103.

Le fer de derrière ne porte d'étampures que sur les branches. Il est aussi étampé très à gras, et moins à gras à la branche du dedans (fig. 104).

Fig. 104.

PARER LE PIED. — Parer le pied d'aplomb et à plat de la pince aux talons; faire sauter carrément le sommet de la pince jusqu'à 2 millimètres du sillon circulaire.

Faire une légère toilette à la sole, à la fourchette et aux barres.

PRÉPARER LE FER. — Le fer de mulet a une ajusture particulière. La pince, qui déborde notablement le pied, est brusquement relevée d'une mamelle à l'autre; les branches sont complètement à plat et débordent le pied, de manière à donner une garniture qui continue celle des mamelles. Cette garniture va en diminuant vers les éponges; elle est plus accusée à la branche du dehors.

ATTACHER LE FER. — Il faut se servir de clous à lame mince, ayant une affilure peu oblique.

En résumé, la ferrure du mulet ne diffère de celle du cheval que par la forme, l'ajusture et la garniture du fer.

TROISIÈME PARTIE

Premiers soins à donner aux chevaux malades.

Dans l'armée, les maréchaux sont les aides des vétérinaires pour panser et soigner les chevaux malades.

Ils doivent donc connaître la manière de se servir utilement des instruments, objets de pansement et médicaments d'un usage journalier.

Le maréchal doit savoir:

1° Reconnaître le cheval en santé;

2° Reconnaître le cheval malade;

3° Soigner les blessures légères et les coliques.

CHEVAL EN SANTÉ. — Le cheval en santé n'a ni blessure ni maladie qui l'empêchent de faire son service.

Il a l'œil vif, la tête et les oreilles mobiles;

Son attention est facile à éveiller; son attitude est aisée, ses déplacements faciles.

Le poil est bon.

L'appétit est satisfaisant, les crottins ordinaires.

La membrane de l'œil est rosée, la bouche fraîche, la toux forte, le rein souple, la respiration calme.

CHEVAL MALADE. — Le cheval malade a des blessures ou des maladies qui le gênent dans son travail ou le mettent dans l'impossibilité complète de travailler.

Les blessures et les maladies extérieures se constatent à l'œil et au toucher; quand elles sont légères, le cheval conserve toutes les apparences de la santé.

Les maladies intérieures graves se devinent à l'aspect de l'animal.

En général, le cheval sérieusement malade est triste, porte la tête basse et à bout de longe, boude sur son avoine, est indifférent à ce qui l'entoure et *mou au travail.*

Dans la plupart de ces affections, l'œil est rouge, la bouche sèche et chaude, le rein plus ou moins raide, la respiration accélérée. La toux fréquente et pénible signale les maladies de la gorge et de la poitrine.

Si la maladie dure depuis quelques jours, le poil est piqué.

§ I. — ACCIDENTS OCCASIONNÉS PAR LA FERRURE.

Piqûre. — La piqûre est un accident produit par un clou, enfoncé dans le vif et retiré avant d'être complétement broché.

Le cheval est exposé à être piqué lorsque la paroi est verticale, mince, dérobée; lorsque le pied est trop paré; le fer trop juste ou étampé trop à gras; les clous mal affilés; lorsqu'il y a une souche oubliée dans la paroi.

Le cheval piqué manifeste par une brusque saccade la douleur vive qu'il ressent. Les saccades ne signifient rien quand elles se répètent à chaque coup de brochoir: on dit alors que le cheval *compte*.

Le clou retiré immédiatement est rarement taché de sang, le sang sort par le trou quelques instants après.

La piqûre est ordinairement sans gravité.

Traitement. — Si la piqûre est légère, il suffit le plus souvent de supprimer le clou et de verser un peu d'essence de térébenthine dans le trou.

Si la piqûre saigne beaucoup, il faut la mettre à découvert, en creusant jusqu'à la rosée la portion de sole qui l'entoure, et panser avec des étoupes mouillées d'essence de térébenthine.

RETRAITE. — La retraite est une piqûre faite avec un clou pailleux qui, en pénétrant dans la corne, se divise en deux lames dont l'une atteint le vif et l'autre sort au dehors.

Même traitement que pour la piqûre, si le clou est retiré immédiatement.

Mais si le maréchal laisse le clou dans la chair, le pied devient chaud, la suppuration s'y met; le cheval boîte de plus en plus fort.

La retraite est plus grave que la piqûre.

TRAITEMENT. — Il faut déferrer et explorer le pied.

Dans le trajet du clou se trouve de l'humidité ou de la suppuration; souvent la paroi et la sole sont décollées autour de la piqûre.

Le traitement consiste dans l'amincissement à fond de la corne autour de la piqûre et dans l'application de cataplasmes, de bains.

Puis, quand tout va bien, il faut mettre une étoupade goudronnée sur le mal, referrer le pied à froid en attachant le fer à quatre clous; mettre une plaque ou des éclisses pour protéger la sole amincie.

ENCLOUURE. — La piqûre prend le nom d'enclouure lorsque le clou, au lieu d'être retiré immédiatement, reste plus ou moins longtemps implanté dans le pied.

Il y a chaleur, suppuration et décollement.

L'enclouure est assez grave.

Même traitement que pour la retraite.

PIED SERRÉ PAR LES CLOUS. — Les clous ont été brochés trop près de la chair, qu'ils compriment et blessent.

Le pied est sensible, le cheval est boiteux.

Cet accident n'est pas grave.

TRAITEMENT. — Déferrer et examiner le pied; puis referrer, après avoir élargi le fer et contre-percé plus à maigre. Brocher les clous à maigre ou les supprimer aux régions douloureuses.

Si la boiterie persiste, des bains, suivis d'un graissage des pieds, sont indiqués.

SOLE COMPRIMÉE PAR LE FER. — La sole est comprimée par le fer quand, étant mince ou amincie, ou présentant des oignons, elle porte sur le fer.

Il en résulte douleur et boiterie.

L'accident n'est pas grave.

TRAITEMENT. — Déferrer; traiter la boi-

12.

terie par les cataplasmes et les bains, puis appliquer un fer léger, couvert, suffisamment ajusté pour ne pas porter sur la sole, goudronner le pied.

SOLE CHAUFFÉE, BRÛLÉE. — La sole chauffée, brûlée, est un accident produit par le fer chaud tenu trop longtemps sur le pied.

Le pied trop paré, le pied plat ou comble, à sole mince, sont sujets à être chauffés.

Le pied brûlé a la corne de sole jaune, pointillée de noir, souvent humide et décollée; une légère pression détermine une vive douleur.

La brûlure n'est pas grave, mais elle est assez longue à guérir et fait boiter.

TRAITEMENT. — Cataplasmes et bains d'abord. Quand la boiterie diminue, appliquer un fer léger, fortement ajusté et attaché à quatre clous.

Placer sous la sole une étoupade goudronnée, maintenue avec des éclisses ou une plaque.

COUPS DE ROGNE-PIED ET DE BOUTOIR. — Les coups de rogne-pied et de boutoir sont des blessures produites par l'emploi maladroit ou exagéré du rogne-pied, et plus souvent du boutoir.

Ces blessures font boiter, mais n'ont pas de gravité.

TRAITEMENT. — Ferrer à froid à quatre clous, avec un fer léger et couvert, suffisamment ajusté pour ne pas porter sur la blessure.

Faire prendre des bains, suivis d'un graissage du pied; puis placer une étoupade goudronnée, maintenue avec des éclisses ou une plaque.

§ II. — MALADIES DU PIED.

SEIME. — La seime est une fente de la paroi; elle part du bourelet et suit la direction des fibres de la corne.

La seime qui a son siège en pince est appelée *seime en pince.*

La seime des quartiers, bien plus fréquente, est appelée *seime quarte* (fig. 105).

La seime se déclare surtout en été, sur les pieds faibles, à corne sèche et cassante, particulièrement sur les pieds parés

Fig. 105.

de travers et surtout au quartier interne du pied montoir.

Dans la marche, les lèvres de la fente peuvent pincer la chair; du sang vient, puis du pus; le cheval boite.

La seime est facile à guérir; mais, sur les pieds qui y sont sujets, quand une seime est guérie, il en vient souvent une autre.

TRAITEMENT. — Amincir la paroi à la râpe; mettre à nu le bourrelet et aller jusqu'au fond de la fissure;

Évider le bord inférieur de la paroi, en face de la seime, afin d'empêcher cette région de porter sur le fer.

Se servir d'un fer à deux pinçons en ma-melles pour la seime de pince; d'un fer à planche pour la seime quarte;

Goudronner la région attaquée par la râpe.

Ces premiers soins peuvent être employés efficacement, en l'absence du vétérinaire.

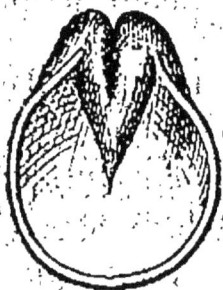

Fig. 106.

BLEIME. — La bleime est une meurtrissure de la sole du talon (fig. 106).

Elle se déclare au pied de devant, particulièrement au talons du dedans.

Quand un léger coup de brochoir frappé sur la paroi du talon où une pression des tricoises détermine une sensibilité manifeste, il y a généralement bleime.

Suivant la gravité de la contusion, la bleime est dite : *sèche, humide, suppurée.*

La bleime est *sèche* quand la corne est simplement colorée en jaune et pointillée de sang.

La bleime sèche n'est pas grave et ne fait pas boiter.

La bleime est *humide* quand la corne est ramollie, humectée de sang, légèrement décollée d'avec la chair.

La bleime humide fait boiter le cheval.

Elle guérit vite.

La bleime est *suppurée,* quand le pus existe dans le sabot.

La sole et la paroi sont décollées dans une plus ou moins grande étendue.

La bleime suppurée s'accompagne toujours de boiterie; sa guérison est plus longue.

TRAITEMENT. — Si le cheval ne boite pas, bien se garder de dégager la bleime.

Donner simplement une bonne garniture en éponges.

Si le cheval est boiteux, parer à plat, de

court et à fond, le talon bleimeux; guérir
la boiterie par les bains, suivis du graissage
des pieds, ou par des cataplasmes (fig. 107).

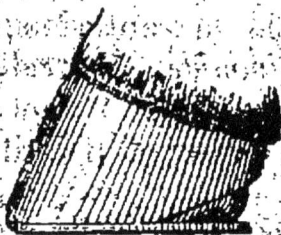

Puis plus tard ap-
pliquer un fer à plan-
che léger, goudronner
la corne amincie.

Dans le cas de bleime
suppurée :

Abattre à plat et de
court le talon blei-

Fig. 107.

meux; amincir tout autour des parties décollées; appliquer un fer léger à quatre
clous; faire un pansement compressif à la
teinture d'aloès ou à la liqueur de Villate,
si la plaie n'a pas un bon aspect.

Plus tard, étoupade goudronnée et fer à
planche.

SOLE FOULÉE OU BATTUE. — La sole foulée
est une contusion de la sole des quartiers
ou de pince; elle ne diffère de la bleime que
par sa situation.

La foulure de sole est produite par une
pierre engagée entre le fer et la sole, par la
marche aux allures vives sur un terrain cail-
louteux et surtout à la suite du déferrement.

La foulure de sole fait boiter.

Elle est rarement grave.

TRAITEMENT. — Amincir à fond la foulure;

Guérir la boiterie par des cataplasmes ou des bains suivis du graissage du pied;

Appliquer un fer léger, à plaque, avec étoupade goudronnée.

ÉTONNEMENT DE SABOT. — L'étonnement de sabot est une contusion de la chair feuilletée produite par des coups violents donnés sur la paroi.

L'étonnement de sabot fait boiter; il est parfois suivi de suppuration et de fourmilière; dans ces cas l'accident a de la gravité [1].

TRAITEMENT. — Amincir la paroi à la râpe sur le point douloureux;

Guérir la boiterie par des cataplasmes, ou des bains suivis du graissage du pied;

Appliquer un fer léger, suffisamment ajusté; plaque et étoupades goudronnées.

FOURBURE. — La fourbure est une inflammation de la chair feuilletée de la pince et des mamelles.

---

[1] Voir *fourmilière.*

Le sang tombe dans les sabots, et vient gonfler la chair, qui se trouve violemment comprimée entre l'os du pied et la paroi.

La fourbure attaque surtout les pieds de devant; elle reconnaît pour causes ordinaires :

Une nourriture trop forte;

Un long repos à l'écurie;

Des marches forcées sur un sol dur par un temps chaud;

Des pieds trop parés et ferrés trop juste, etc.

La fourbure est aiguë ou chronique.

La fourbure aiguë a pour caractères :

Une fièvre très-forte, les sabots chauds, les membres roides, une marche extrêmement pénible.

La fourbure aiguë est grave. Elle peut entraîner le décollement et même la chute des sabots, et aussi passer à l'état chronique.

TRAITEMENT. — Un traitement énergique et immédiat est indispensable :

Laisser le cheval ferré en enlevant la moitié des clous;

Faire marcher le cheval, et s'il refuse, frictionner les jambes avec de l'essence de térébenthine;

Quand le cheval marche librement, le

mettre à l'eau jusqu'aux boulets; l'y laisser
deux heures;

Après le bain, nouvelle promenade sui-
vie d'un nouveau bain, et ainsi de suite
jusqu'à ce que le cheval marche facilement
en sortant du bain;

Si le bain ne peut être donné, employer,
au retour de chaque promenade, les cataplasmes de terre glaise délayée dans l'eau
vinaigrée.

Régime rafraîchissant : barbotages au sel
de nitre, mashs à la graine de lin, couvertures chaudes.

Une saignée au cou est presque toujours
indiquée au début du mal; mais il ne faut
la pratiquer que dans l'impossibilité de
faire prévenir le vétérinaire.

FOURBURE CHRONIQUE. — La fourbure
chronique entraîne des déformations graves
du pied.

Le pied fourbu est fortement cerclé, très-
allongé, aplati de dessus en dessous, à
pince relevée, très-fortement épaissie, à talons hauts, à barres droites, à sole mince et
bombée.

L'épaississement considérable de la paroi
de pince comprime douloureusement la
chair, et fait souvent boiter.

Au lieu de cet épaississement, il y a souvent une cavité profonde entre la paroi et la chair feuilletée; cette cavité est appelée *fourmilière*.

Quand la sole est très-bombée et très-amincie; que l'os du pied semble passer au travers par son bord antérieur, il y a vive compression de la chair et boiterie; cette déformation du dessous du pied est appelée *croissant*.

TRAITEMENT. — Râper fortement la paroi de pince et des mamelles de manière à la ramener à son épaisseur ordinaire;

Abattre à plat les talons;

Se servir d'un fer couvert, léger, privé d'étampures en pince et en mamelles, à fort pinçoir antérieur, assez fortement ajusté pour ne pas porter sur la sole;

Se servir de clous à lame mince et brocher sur les côtés du pied;

Goudronner la sole.

Si le croissant fait boiter, amincir la sole aux endroits où elle comprime les chairs;

Protéger la sole amincie par une étoupade goudronnée, une plaque ou un fer à pince couverte.

FOURMILIÈRE. — La fourmilière est une cavité noire existant dans le sabot, sous la sole ou sous la paroi, et contenant du sang ou du pus desséché.

À l'exploration du pied avec le brochoir, le sabot *sonne creux* à l'endroit où se trouve la fourmilière.

La fourmilière de sole est produite par une forte foulure qui fait saigner et suppurer la chair de sole; la fourmilière de la paroi, par la fourbure aiguë ou par un étonnement de sabot. Parfois le décollement monte jusqu'au bourrelet.

La fourmilière fait boiter le cheval.

La fourmilière de sole guérit seule.

Il en est de même pour la fourmilière de la paroi causée par un étonnement de sabot, quand elle ne remonte pas au bourrelet.

Le sabot en poussant les entraîne peu à peu, et elles finissent par disparaître.

TRAITEMENT. — *Fourmilière de sole.* — Amincir la corne sur la fourmilière, de manière à donner du jour sans la découvrir complétement; employer le fer à plaque.

Fourmilière de paroi. Le traitement de la fourmilière de paroi appartient au vétérinaire.

OIGNON. — L'oignon est un gonflement de l'os du pied qui vient comprimer et amincir la sole du quartier.

Cette affection se remarque ordinairement sur les pieds de devant plats ou combles, et particulièrement à la sole du quartier interne.

L'oignon rend la ferrure délicate et fait parfois boiter.

TRAITEMENT. — Respecter la sole; employer un fer couvert; pratiquer en face de l'oignon une forte ajusture, prise en grande partie aux dépens de l'épaisseur du fer et destinée à empêcher la sole d'être comprimée.

FAUX QUARTIER. — Le faux quartier est surtout caractérisé par l'absence de paroi en quartier, à la suite d'opération ou d'accident.

Le faux quartier persiste jusqu'à ce que l'avalure de la paroi soit complète.

Quant le bourrelet a été détruit et que la paroi n'est plus sécrétée, le faux quartier subsiste toujours.

Pendant la durée du faux quartier, il n'existe que la corne sécrétée par les feuillets de chair.

TRAITEMENT. — Parer le pied avec ménagement;

Faire tomber avec précaution toute la

portion de corne qui n'a pas de consistance;

Employer le fer à planche étampé irrégulièrement;

Se servir de clous à lame mince.

AVALURE. — L'avalure est une dépression
accidentelle qui survient dans une partie
plus ou moins étendue de la paroi.

TRAITEMENT. — Tenir la corne souple.
Ferrure légère.

FOURCHETTE ÉCHAUFFÉE ET POURRIE. —
La *fourchette échauffée* est décollée d'avec
la chair, particulièrement au fond des lacunes, qui sont le siége d'un suintement
purulent, noirâtre, d'odeur forte et désa-
gréable.

La *fourchette pourrie* est décollée d'avec la
chair dans une grande étendue; elle s'en va
en lambeaux, suinte beaucoup, répand une
mauvaise odeur.

TRAITEMENT. — Faire la toilette de la
fourchette malade en enlevant à fond la
corne décollée.

Laver à grande eau les plaies mises à nu;
les sécher avec la liqueur de Villate étendue
d'eau ou avec de la suie délayée dans du

vinaigre. Quand la pourriture est guérie, goudronner la fourchette.

Si la chair est à nu, il faut mettre une plaque ou des éclisses sous le pied.

Crapaud. — Le crapaud est une maladie très-grave du pied, qui apparaît sur la fourchette et s'étend sous la sole et les talons en décollant la corne.

La chair, mise à nu, suppure, exhale une odeur infecte et se couvre de végétations d'un aspect repoussant.

Traitement. — Traitement long et très-compliqué, du ressort du vétérinaire.

Clou de rue. — Le clou de rue est une blessure du dessous du pied produite par des corps pointus qui traversent la corne de la sole ou de la fourchette et attaquent plus ou moins gravement les parties vives.

Traitement. — Retirer immédiatement le corps pointu; déferrer, amincir à fond la corne autour de la blessure; mettre des cataplasmes; faire prendre fréquemment des bains de pied.

Quand le cheval a cessé de boiter, matelasser le pied avec une étoupade goudronnée et referrer avec un fer à plaque.

Atteinte encornée. — L'atteinte encornée est une blessure que le cheval se fait en frappant, en talon, le bourrelet du pied de devant avec la pince du fer de derrière.

La corne est plus ou moins décollée d'avec la chair.

L'atteinte fait ordinairement boiter.

TRAITEMENT. — Couper les poils à la couronne;

Laver la plaie avec de l'eau fraîche, de manière à enlever la terre, le sable logé entre la corne et la chair;

Enlever la corne décollée;

Goudronner la région.

JAVART ENCORNÉ. — Le javart encorné est un furoncle qui se déclare au bourrelet, amène le décollement de la paroi et la suppuration dans le sabot.

Le javart encorné fait boiter; il guérit après l'expulsion d'un morceau de chair mortifiée appelé bourbillon.

TRAITEMENT. — Couper les poils du bourrelet; amincir immédiatement la paroi à la râpe autour du javart; enlever à fond toute corne décollée;

Traiter par les cataplasmes et les bains;

Goudronner la région après guérison.

JAVART CARTILAGINEUX. — Le javart cartilagineux est caractérisé par la carie du cartilage de l'os du pied et par une ou plusieurs fistules à la couronne.

C'est une maladie grave, difficile et longue à guérir, dont le traitement est du ressort du vétérinaire.

§ III. — BOITERIES. — EXPLORATION D'UN MEMBRE BOITEUX.

BOITERIE. — La boiterie est une irrégularité de la marche qui dénonce l'existence d'une maladie ou d'une blessure d'un membre et le plus souvent du pied.

Le cheval qui souffre d'une jambe cherche à se soulager en rejetant le poids du corps sur la jambe saine correspondante.

A cet effet, en marche, le membre malade touche moins franchement la terre et reste plus longtemps en l'air; la tête et l'encolure s'élèvent au moment de son poser.

Au contraire, le membre sain opposé reste plus longtemps à l'appui et moins de temps en l'air; la tête et l'encolure retombent sur lui au moment de son poser.

Dans la boiterie d'une jambe de derrière le contraire se produit, c'est-à-dire que la tête et l'encolure s'abaissent au moment où le pied malade tombe à terre.

Toute boiterie accuse une douleur.

Plus la souffrance est vive, plus la boiterie est intense.

On dit que le cheval *feint, tire, boîte,
boîte tout bas, marche à trois jambes,* suivant
l'intensité de la boiterie.

Le cheval *boîte de l'oreille,* quand la boiterie détermine dans la marche une saccade
de l'oreille correspondante au poser du
membre.

C'est au trot qu'on reconnaît le mieux
une boiterie.

Il faut faire trotter le cheval doucement,
droit devant soi, sur un terrain plat et pavé,
et le faire revenir sur soi.

Si le jeu des membres est régulier, le
cheval est *droit.*

Si le jeu des membres est irrégulier, il y
a *boiterie.*

On doit alors chercher le pied sur lequel
s'abat le poids du corps, autrement dit sur
lequel le cheval *tombe.*

C'est sur le membre sain que le cheval
tombe.

C'est donc le membre opposé qui est
boiteux.

D'un coup d'œil jeté sur les quatre
membres, l'homme expérimenté voit le
pied sur lequel le cheval *tombe,* appuie
davantage : il en conclut que le membre
voisin est boiteux.

13.

EXPLORATION D'UN MEMBRE BOITEUX. —
Le maréchal, après avoir constaté qu'un
membre est boiteux, doit rechercher la
cause de la boiterie.

A cet effet, le membre est examiné sur
toutes ses faces.

Il peut exister une blessure, une contusion, des tares dures ou molles, un effort
de tendon ou de boulet, une crevasse, une
prise de longe, un javart encorné, une atteinte, une seime.

Toute blessure ou maladie constatée doit
être explorée avec soin.

La sensibilité développée par la pression
renseigne sur la gravité du mal.

S'il n'y a pas de douleur manifeste, il
faut chercher ailleurs le siége de la boiterie.

S'il n'existe rien de visible sur le trajet
du membre, le maréchal exerce de haut en
bas des pressions successives avec les
doigts sur toutes les régions et particulièrement aux points où se déclarent les tares
dures ; sur les côtés du canon, le long du
tendon, autour du boulet et de la couronne.

Puis il lève le pied et l'embrasse de ses
deux mains.

Si le pied est chaud, *plus chaud* que le
pied opposé, la boiterie vient du pied.

Alors le maréchal regarde si la sole est

mince et porte sur le fer ; puis il prend
son brochoir et frappe à petits coups secs
sur tout le pourtour de la paroi et particulièrement sur le côté de chaque talon et sur
les rivets, puis aussi sur la fourchette et la
sole.

Si les coups de brochoir déterminent de
la sensibilité à la paroi du talon, il y a
bleime ou resserrement douloureux ; si la
sensibilité existe ailleurs que sur la paroi du
talon, il y a étonnement du sabot, fourmilière, pied serré par les clous, etc.

Si le dessous du pied est sensible aux
coups de brochoir, il peut y avoir : sole
foulée, pourriture de fourchette, blessure
par suite de clou de rue, chicot, tacot,
tesson de bouteille, etc. Enfin si l'examen
du pied ne démontre rien, il faut déferrer.

Le maréchal ne doit déferrer que le cheval qui a le sabot chaud et sensible.

Il doit surtout bien se garder de fouiller,
creuser, délabrer à fond le sabot d'un cheval pour y chercher la cause d'une boiterie
qui souvent est ailleurs.

Le maréchal retire les clous un à un, et
voit s'il n'y a pas d'humidité ou de suppuration sur la lame, comme dans le cas de
retraite, d'enclouure ou de pied serré par
les clous.

Il pare très légèrement à plat tout le dessous du pied.

Le pied peut être trop paré, chauffé, brûlé, blessé, etc.

Enfin, si le maréchal n'a rien trouvé, il termine son examen en faisant jouer successivement et de haut en bas toutes les jointures du membre.

Une douleur peut exister dans une jointure et occasionner une boiterie.

§ IV. — AUTRES ACCIDENTS ET MALADIES LES PLUS ORDINAIRES EN GARNISON ET EN ROUTE.

BLESSURES OCCASIONNÉES PAR LE HARNACHEMENT. — Les blessures occasionnées par le harnachement sont malheureusement fort nombreuses en campagne.

Les causes des blessures et les modifications à apporter au harnachement ne sont pas du ressort du maréchal.

Il importe seulement qu'il sache donner les premiers soins aux chevaux blessés.

Les chevaux blessés présentent :

1° Des tumeurs froides ou chaudes;
2° Des plaies sèches;
3° Des plaies suppurantes;
4° Des cors;
5° Des durillons;
6° Des maux de garrot ou de rognon.

TUMEURS FROIDES. — Les tumeurs froides sont des grosseurs insensibles ou peu sensibles.

Elles apparaissent lorsque le cheval vient d'être dessellé, de chaque côté du garrot, sur le dos, au passage des sangles.

TRAITEMENT. — Le traitement consiste : dans des frictions, en travers de la direction du poil, de vinaigre chaud, d'eau-de-vie camphrée, d'eau-de-vie et de savon ; dans l'application, sur la grosseur, d'une éponge ou d'un tampon d'étoupes imprégné constamment d'eau vinaigrée, d'eau-de-vie, d'eau salée, d'eau blanche très-faible, d'eau de Knaupp, ou de sulfate de cuivre, à raison de 15 grammes par litre d'eau.

Une légère compression par le surfaix, un massage bien pratiqué, favorisent la disparition des tumeurs froides.

Pour masser avec succès, il faut :

Enduire les poils de savon ;

Exercer avec la paume de la main des pressions légères et successives dans le sens du poil ;

Mouiller le poil quand il est sec ;

Faire durer longtemps le massage ;

Après le massage, faire les applications ci-dessus indiquées.

TUMEURS CHAUDES. — Les tumeurs chaudes sont des grosseurs très-sensibles au toucher, qui se remarquent sur le garrot, le dos, le rein, les côtes.

Plus elles sont sensibles et volumineuses, plus elles sont graves.

TRAITEMENT. — Pour le traitement des tumeurs chaudes peu volumineuses, le maréchal emploie d'abord :

La motte de gazon constamment mouillée et fixée sur la région malade;

La terre glaise détrempée et toujours humectée;

L'éponge ou le tampon d'étoupes toujours arrosés d'eau;

Les lotions constantes d'eau fraîche.

On ne doit jamais se servir de vésicatoire, de graisse ni d'aucun des médicaments usités dans le traitement des tumeurs froides.

Si les tumeurs chaudes sont volumineuses et très-sensibles, il faut avoir recours aux cataplasmes de graine de lin, de mie de pain, de bouse de vache, de feuilles de mauve ou d'herbes bouillies, entretenus toujours humides.

En Afrique, on peut utiliser les feuilles de figuier de Barbarie bouillies.

C'est ordinairement avec le surfaix et sans

compression que les applications diverses
sont maintenues sur les tumeurs.

PLAIES SÈCHES. — Les plaies sèches sont
recouvertes de croûtes ou d'épiderme épaissi
et comme parcheminé.

Il n'existe ni douleur ni engorgement.

Les plaies sèches protègent le vif contre
le contact du harnachement et doivent être
respectées en campagne.

TRAITEMENT. — Faire tomber les croûtes
et les peaux mortes avec des graisses est une
pratique ordinaire et très-funeste en route
et en campagne.

Le cheval dont la peau est ramollie par
les graisses et qui continue à être monté ne
tarde pas à se blesser.

PLAIES EN SUPPURATION. — Le maréchal
ne doit panser les plaies en suppuration
qu'une fois par jour, et se conformer aux
indications suivantes:

TRAITEMENT. — Si le pus coule en abon-
dance sur les régions voisines, l'enlever sans
toucher à la plaie; laver la plaie sans frot-
ter et sans faire saigner; faire tomber doucement les croûtes qui se détachent; se garder d'enlever celles qui tiennent

S'il y a plaie avec engorgement, saupou-

drer la plaie avec de la poudre de charbon
et de camphre plusieurs fois par jour;

Si la plaie est plate, chercher à la sécher
avec de la liqueur de Villate très-étendue
d'eau, avec de la suie délayée dans du vinaigre étendu d'eau, avec de la teinture
d'aloès, avec un mélange à parties égales et
bien battu d'huile et de vin.

Cor. — Le cor est une mortification de
la peau et souvent aussi des chairs.

Le cor est dur, parcheminé.

Il est parfois très-profond et comme porté
par une tige; alors existe un engorgement
douloureux à son pourtour.

Quand le cor se prépare à tomber, une
tranchée se creuse qui le sépare de la chair
vive.

Traitement. — Le maréchal graisse la
région avec du suif et la recouvre d'une
toile cirée, si le cheval doit continuer à être
monté.

Durillon. — Le durillon est un corps dur,
arrondi, attaché sous la peau et un peu rou-
lant.

Le durillon qui n'est pas comprimé par
la selle est insensible et n'exige pas de traitement.

Traitement. — Le durillon devenu douloureux se traite comme les tumeurs chaudes.

Maux de garrot et de rognon. — On appelle ainsi des blessures graves et profondes, accompagnées d'engorgements considérables, de fistules, de suppuration abondante.

Traitement. — Le traitement des maux de garrot et de rognon appartient au vétérinaire; le rôle du maréchal doit se borner à des soins de propreté.

Enfin, et pour terminer, le maréchal doit savoir :

1° Que tout traitement des blessures de la selle, avec utilisation du cheval, doit nécessairement être précédé de modifications apportées au harnachement;

2° Qu'il ne faut jamais ouvrir les tumeurs froides ou chaudes, arracher les cors, les durillons.

Un coup de bistouri appliqué mal à propos peut amener des maladies graves du garrot, du dos, du rognon, et entraîner la perte d'un cheval;

3° Qu'il doit soigner avec zèle les chevaux blessés par le harnachement.

Hémorrhagie. — L'hémorrhagie est une

perte du sang produite par suite de coups de sabre, de coups de feu, de coups de pied, etc.

Une hémorrhagie peut tuer rapidement un cheval.

Quand le sang sort en jets, une artère est ouverte; l'accident est grave.

TRAITEMENT. — Il faut arrêter l'écoulement du sang par une compression à la main, puis par un pansement compressif, et faire immédiatement appeler le vétérinaire.

COUPS DE PIED. — Les coups de pied sont fréquents.

Ils déterminent des plaies, des engorgements et parfois des tumeurs sanguines.

La boiterie donne généralement la mesure de la gravité du mal.

TRAITEMENT. — Placer dans l'eau courante, si c'est possible, le cheval qui a reçu un coup de pied; ou bien donner des douches en pluie sur la région blessée; ou bien encore faire des lotions fréquentes d'eau salée.

Le traitement des coups de pied graves et des tumeurs sanguines est du ressort du vétérinaire.

MORSURES. — Les morsures sont surtout

fréquentes dans les régiments montés en chevaux entiers.

Elles déterminent des contusions, des plaies, des tumeurs sanguines.

Les morsures sont généralement sans gravité.

TRAITEMENT. — Donner des douches ou faire des lotions d'eau salée.

C'est le vétérinaire qui doit ouvrir les tumeurs sanguines.

BLESSURES DE L'ŒIL. — L'œil est parfois larmoyant, fermé, rouge, gonflé.

C'est le signe d'une inflammation de l'œil, causée par un coup d'air, par l'introduction d'un corps étranger sous la paupière, par un coup.

TRAITEMENT. — Écarter les paupières, retirer avec précaution le corps étranger s'il y a lieu, laver l'œil à l'eau fraîche ou à l'eau de mauve.

ENCHEVÊTRURE OU PRISE DE LONGE. — La prise de longe est une plaie du paturon que le cheval se fait en se prenant le membre dans la corde ou dans la chaîne qui sert à l'attacher.

La prise de longe n'est ordinairement pas grave.

Traitement. — Si la plaie est légère, lotionner à l'eau salée ou à l'eau blanche.

Si la plaie est profonde et la boiterie intense, bains et cataplasmes.

Embarrure. — L'embarrure est une contusion, une plaie que se fait le cheval en s'embarrassant les jambes dans le bat-flancs;

Traitement. — Douches, lotions d'eau salée ou d'eau blanche.

Cheval couronné. — Le cheval blessé au genou par suite d'une chute est dit *couronné.*

La blessure est souvent légère et parfois profonde et fort grave.

L'articulation peut être ouverte.

Traitement. — Si la plaie est légère, donner des douches en pluie, des bains d'eau courante; puis, quand l'engorgement a disparu, sécher la plaie avec de la liqueur de Villate étendue d'eau et de la poudre de charbon.

Si la plaie est profonde, si l'ouverture de l'articulation est à craindre, pratiquer des irrigations continues sur le genou et faire appeler le vétérinaire.

Effort de tendon. — *Nerf-férure.* —

L'effort de tendon ou la nerf-férure est le résultat d'un tiraillement ou d'un coup que le cheval se donne aux allures vives. Il se reconnaît à l'engorgement des tendons et à la douleur que détermine la pression des doigts.

L'effort de tendon attaque ordinairement les membres de devant; il est toujours grave.

TRAITEMENT. — Douches et repos;

Ferrure spéciale: conserver les talons, parer la pince; mettre un fer à éponges longues munies de petits crampons.

EFFORT DE BOULET. — C'est une distension de la jointure du boulet.

Il y a engorgement, douleur et boiterie.

TRAITEMENT. — Bains ou douches.

ATTEINTE. — L'atteinte est une contusion ou une plaie qui résulte de coups que se donne le cheval, avec un de ses pieds, sur le paturon, le boulet, même le canon.

L'atteinte est grave lorsqu'elle meurtrit profondément les tissus.

TRAITEMENT. — Si l'atteinte est légère, donner des douches en pluie ou faire des lotions d'eau salée. Si la plaie est profonde et la boiterie forte, appliquer des cataplasmes, mettre le cheval au bain.

CHEVAL QUI SE COUPE. — La contusion, la plaie du cheval qui se coupe, n'est pas grave, mais elle amène souvent l'engorgement du boulet.

TRAITEMENT. — Ferrure spéciale. Traiter l'engorgement des boulets et les plaies avec engorgement par les douches en pluie ou les bains; les plaies simples, par un mélange de poudre de charbon et de camphre.

CREVASSES. — Les crevasses sont des excoriations, des plaies du pli du paturon. Elles sont communes en hiver, dans les camps et les bivouacs; elles peuvent provenir de prise de longe légère; souvent elles se déclarent à la suite de l'opération des crins; presque toujours elles sont dues à l'irritation produite par le contact de boues âcres avec la peau du pli du paturon.

TRAITEMENT. — Couper les poils autour de la plaie; s'il y a boiterie, appliquer des cataplasmes de mauve, de farine de lin, pour calmer la douleur.

Si la crevasse est légère, enduire la plaie de suif, de pommade camphrée.

Coliques. — Les coliques sont des douleurs du ventre.

Elles se remarquent ordinairement sur le cheval qui a bu ou mangé avec excès, sur celui qu'on a fait travailler immédiatement après le repas, etc.

Le cheval qui a des coliques s'éloigne du râtelier, tient la tête basse, gratte le sol avec ses pieds de devant, regarde son flanc, fouaille de la queue, se roule à terre.

Traitement. — Comme premiers soins, retirer la ration; bouchonner le ventre et les membres; tenir le ventre chaud avec deux couvertures, dont une pliée en quatre, appliquée sous le ventre; administrer des layements d'eau de son.

Le reste du traitement est du ressort du vétérinaire.

FIN.

TABLE DES MATIÈRES.

PREMIÈRE PARTIE.

CHAPITRE PREMIER.
EXTÉRIEUR DU CHEVAL.

CHAPITRE II.
ORGANISATION DU PIED.

DEUXIÈME PARTIE.

CHAPITRE PREMIER.

CHAPITRE II.
FER À CHEVAL.

CHAPITRE III.

FERRURE.

CHAPITRE IV.

FERRURES EXCEPTIONNELLES.

CHAPITRE V.

FERRURES ÉTRANGÈRES.

CHAPITRE VI.

TROISIÈME PARTIE.

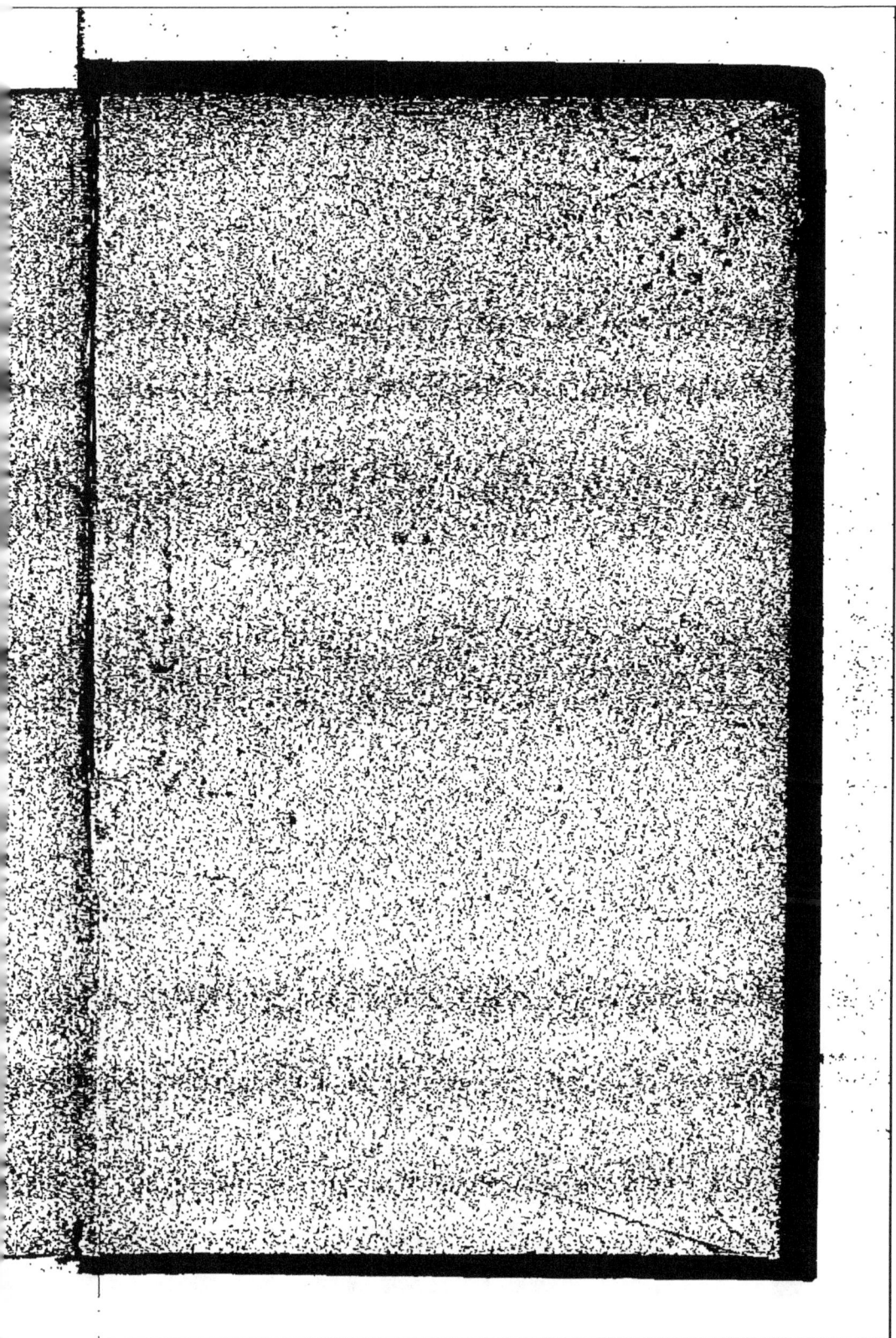

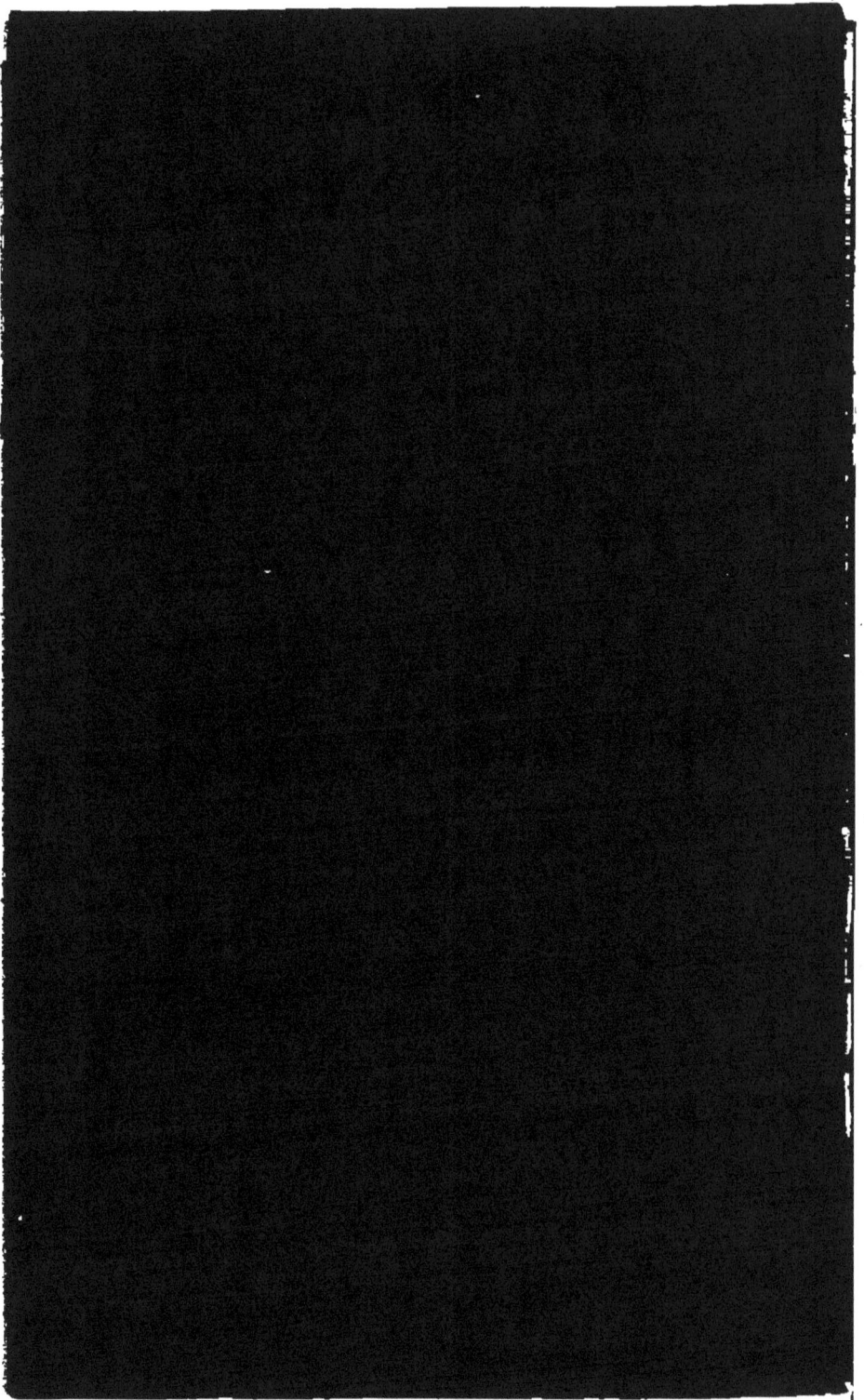

www.ingramcontent.com/pod-product-compliance
Lightning Source LLC
Chambersburg PA
CBHW060030100426
42740CB00010B/1673